OTROS TÍTULOS DE DAVID BURKUS EN ESPAÑOL

Bajo una nueva gestión: Cómo las empresas líderes están cambiando la forma de hacer negocios

OTROS TÍTULOS DE DAVID BURKUS EN INGLÉS

The Myths of Creativity: The Truth About How Innovative Companies and People Generate Great Ideas

Friend of a Friend: Understanding the Hidden Networks That Can Transform Your Life and Your Career

Pick a Fight: How Great Teams Find a Purpose Worth Rallying Around

DAVID BURKUS

DIRIGE DESDE CUALQUIER LUGAR

La guía que los líderes necesitan para dirigir equipos remotos con éxito.

conecta

El papel utilizado para la impresión de este libro ha sido fabricado a partir de madera
procedente de bosques y plantaciones gestionadas con los más altos estándares ambientales,
garantizando una explotación de los recursos sostenible con el medio ambiente y beneficiosa para las personas.

Dirige desde cualquier lugar
La guía que los líderes necesitan para dirigir equipos remotos con éxito

Título original: *Leading From Anywhere*

Primera edición: mayo, 2021

penguinlibros.com

ISBN: 978-607-380-213-0

Impreso en México – *Printed in Mexico*

Para todos los que siguen trabajando desde un cubículo.
Se acerca la libertad.

Índice

Introducción
El ascenso y la caída (y el ascenso) de los equipos remotos

Cuando Hayden Brown asumió el cargo de CEO de Upwork, el 1 de enero de 2020, nunca imaginó que su primer año sería así.

Upwork, una compañía de miles de millones de dólares, se creó cuando Elance y oDesk se fusionaron para convertirse en la plataforma más grande del mundo para encontrar y trabajar con talento *freelance*. Antes de 2020 la mayoría de los empleados ya trabajaban de forma remota desde 800 ciudades alrededor del planeta. La empresa tenía varias oficinas tradicionales para los empleados no preparados para la distancia, pero incluso la recepcionista era una empleada virtual que administraba varios mostradores desde su oficina en casa. Bajo el liderazgo del predecesor de Brown, Stephane Kasriel, la compañía que administraba el grupo de talentos remotos más grande del planeta había operado de la manera más remota posible.

O eso pensaban.

Cuando el nuevo coronavirus empezó a propagarse por todo el mundo, Brown y su equipo de directivos se encontraron en la misma posición que muchos otros líderes de alto nivel. Tuvieron que decidir cómo responder. Debían descubrir cómo mantener el negocio en funcionamiento y, al mismo tiempo, garantizar la seguridad de todas las partes interesadas. Pero a diferencia de muchas empresas, no decidieron enviar a la gente a trabajar desde casa como un experimento a corto plazo… Más bien, lo vieron como el momento de comprometerse.

Habían investigado mucho. Eran un pilar importante en el movimiento del trabajo a distancia desde hacía bastante tiempo, pero seguían aferrados a su espacio de oficina. Llegó el momento de finalizar la inevitable transición y volverse remotos por completo.

"Gracias a los 20 años de experiencia como empresa de trabajo a distancia, ahora estamos adoptando de forma permanente un modelo de 'primero remoto'. En el futuro, trabajar desde casa será la opción predeterminada para todos", dijo Brown en Twitter y terminó su publicación con "El #futurodeltrabajo está aquí".[1]

Éste es un libro sobre ese futuro. O, mejor dicho, es un libro sobre el pasado, presente y futuro de los equipos remotos y sobre cómo prosperar en tu rol de líder en ese futuro.

Es difícil rastrear los orígenes de los equipos a distancia. En algún nivel, siempre fueron una realidad. El Imperio Romano se extendía por tres continentes, pero César tuvo que conformarse con caminos y mensajeros. En el apogeo de su colonialismo, se decía que el sol nunca se ponía en el Imperio Británico, pero la reina Victoria mantenía todo *junto* usando barcos y rutas comerciales. En la corta historia de Estados Unidos, los *circuit riders* (los clérigos que andaban a caballo) se coordinaron para predicar por todo el país y los vendedores iban de puerta en puerta, incluso antes de los automóviles, para maximizar los ingresos para ellos y sus empresas.

Pero hoy en día, cuando hablamos de trabajo y equipos remotos, la mayoría nos referimos al alejamiento de la oficina tradicional. Y si ése es nuestro marco de referencia, entonces deberíamos usar 1973 como fecha oficial de inicio. En aquel año Jack Nilles publicó *The Telecommunications-Transportation Tradeoff*.[2] Nilles y sus coautores estaban convencidos de que el creciente problema de la congestión del tráfico no se resolvería ampliando las carreteras. En cambio, lo vieron como un problema de comunicación que la tecnología iba resolviendo de forma rápida. Argumentaron que las empresas ayudarían a aliviar el problema del tráfico reduciendo el tamaño de su sede y construyendo una serie de oficinas satélites en los bordes de su ciudad (lo cual no es muy diferente a los trabajadores remotos dispersos en los cafés locales de la actualidad). En esa época no había computadoras personales y el café no era tan bueno, pero Nilles y compañía creían que la tecnología de computadoras centrales y líneas telefónicas eran suficientes para coordinar el trabajo de forma remota. Nilles incluso acuñó un término para esto: teletrabajo.

Los defensores del teletrabajo se hicieron más fuertes conforme la tecnología avanzaba y las computadoras reducían su tamaño. En 1989 Charles Handy escribió que los teléfonos personales marcaron el comienzo del fin de las grandes oficinas: "El asiento de un automóvil o tren se convierte en oficina si lo conectas a una computadora y un fax portátiles".[3] En 1993 Peter Drucker declaró: "Trasladarse a la oficina es obsoleto". Pero los líderes corporativos quizá no recibieron ese fax. Y si lo hicieron, renunciar a su oficina de jefe no era algo que quisieran hacer. En vez de una revolución sin oficinas, el porcentaje de trabajadores remotos aumentó de forma lenta. Creció más rápido en el mundo de las empresas tecnológicas, quizá debido a su familiaridad con las herramientas necesarias para colaborar desde lejos de forma eficaz.

En la última década dos grandes eventos formaron el debate sobre los equipos remotos y si *trabajar desde casa* en realidad era una forma de medio trabajar. El primero ocurrió en febrero de 2013, cuando la CEO de Yahoo!, Marissa Mayer, envió un memorando a toda la compañía donde declaraba el fin del trabajo a distancia. El memo decía: "Debemos ser un sólo Yahoo! Y eso empieza estando juntos de forma física".[4] Muchas firmas siguieron su ejemplo. Hewlett Packard, IBM, incluso Best Buy (antes conocido por su "entorno laboral de sólo resultados"), todos llamaron a sus equipos remotos de regreso a la oficina. En vez de trabajar de forma remota, muchas de estas empresas tecnológicas aumentaron *beneficios* en el lugar de trabajo, diseñados para alentar a los empleados (de manera no muy sutil) a concentrarse más en su trabajo y menos en el mundo exterior.

Y así, el ritmo de la revolución del trabajo a distancia se ralentizó. Para 2018 sólo alrededor de 3% de los empleados estadounidenses informó que laboraba más de la mitad de sus horas de forma remota.[5] La marcha hacia el trabajo remoto seguía creciendo, pero mucho más despacio que antes.

Entonces, de repente recibió un empujón inesperado. La pandemia del covid-19 puso al mundo de rodillas, pero llevó el movimiento del trabajo a distancia a una carrera vertiginosa. En ese momento, mover a todos a equipos remotos fue reaccionario y se consideraba temporal. Pero al probar sus beneficios la mayoría de la gente no quiere volver a la oficina pronto.

Una encuesta realizada por IBM durante el apogeo del covid-19 descubrió que más de la mitad de los empleados quieren que el trabajo remoto sea su método principal de empleo y 75% dijo que le gustaría la opción de seguir de forma remota al menos por un tiempo.[6] Muchas empresas respondieron de la misma manera. En parte por preocupaciones de seguridad y en parte por lo que descubrieron durante su prueba forzada de trabajo remoto, muchas empresas anunciaron que darán a los empleados la capacidad de seguir trabajando de forma remota aun después de que terminen los esfuerzos para *aplanar la curva* de los casos del covid-19. Citigroup, uno de los bancos más grandes del mundo, informó a su gente que estaría fuera de la oficina casi un año. El CEO de Facebook, Mark Zuckerberg, fue más lejos y anunció que la mitad de sus 48 mil empleados cambiarán al trabajo remoto de forma permanente.[7] (El anuncio de Facebook es bastante irónico porque durante el apogeo de la tendencia de las *ventajas de la oficina* la empresa gastó un billón de dólares y contrató al renombrado arquitecto Frank Gehry para crear el plano de oficinas abiertas más grande del mundo.)[8] Al igual que Hayden Brown, el CEO de Shopify, Tobi Lütke, anunció que la compañía más valiosa de Canadá se convertiría en una empresa "digital-por-default".[9] Conservarían parte de su espacio de oficina para algunas operaciones, pero el cambio a un lugar remoto era permanente. "Se acabó la centralización de la oficina."

La pandemia del covid-19 y sus respuestas serán recordadas por muchas cosas, casi todas trágicas, pero también fue el impulso necesario para llevar el movimiento del trabajo remoto a una gran población. Ahora que la mayoría de los gerentes vivieron los beneficios y desafíos de primera mano, reconocieron que las recompensas superan los riesgos de manera significativa, y sólo seguirán haciéndolo a medida que los avances en tecnología disminuyan esos riesgos.

Observa las investigaciones: los equipos y los trabajadores remotos son más productivos que los de oficina y, bien gestionados, también son más comprometidos. En 2014, un año después del infame memorando de Marissa Mayer, al economista de Stanford Nicholas Bloom se le presentó una interesante oportunidad de investigación que cambiaría gran parte de nuestra forma de pensar sobre el trabajo remoto. James Liang, estudiante de posgrado y cofundador de la plataforma de viajes Ctrip (la compañía china que en aquel momento tenía 16 mil personas y cotizaba en NASDAQ), habló con Bloom. Le dijo que Ctrip estaba investigando la posibilidad de que los empleados del *call center* trabajaran desde casa, pero quería asegurarse de que la prueba se llevara a cabo de forma correcta.

Bajo la dirección de Bloom, Ctrip brindó a los empleados de un departamento específico dentro del *call center* la oportunidad de ofrecerse como voluntarios para trabajar desde casa durante nueve meses. La empresa requería una permanencia de al menos seis meses y una habitación exclusiva en casa con acceso a internet de alta velocidad; 249 expresaron interés y cumplieron con los requisitos. A partir de ahí, los voluntarios se dividieron en dos grupos. A una mitad se le pidió que se quedara en la oficina como grupo de control. A la otra le instalaron el mismo equipo tecnológico que a los empleados de la oficina para que pudieran seguir los procesos de flujo de trabajo y ser evaluados por su desempeño con las mismas métricas. En esencia, lo único que cambió fue la ubicación.

¿Qué pasó al final de los nueve meses? “Los resultados que vimos en Ctrip me dejaron boquiabierto”, recuerda Bloom.[10] Cuando revisaron los datos, Bloom y Liang descubrieron que las personas que trabajaban desde casa completaron 13.5% más llamadas que las de la oficina, además pidieron menos descansos laborales o por enfermedad durante los nueve meses. "Esto significa que Ctrip obtuvo casi un día de trabajo adicional a la semana", explicó Bloom. Además, los empleados que laboran desde casa renuncian menos que los que se desplazan a la oficina todos los días.

Al buscar una explicación para el dramático aumento en el rendimiento, Bloom y Liang descubrieron algo interesante: en pocas palabras, no es que trabajar desde casa aumente el rendimiento, sino que trabajar desde una oficina lo *reduce*. Estimaron que un tercio del aumento de productividad de los empleados en casa se debió a que un entorno más tranquilo facilita las llamadas; los otros dos tercios sólo fueron por dedicar más tiempo. Sin el viaje diario a una oficina llena de distracciones, los empleados empezaron antes, tomaron descansos más cortos, no salieron de la oficina para hacer mandados durante el almuerzo y laboraron hasta el final de cada día. "En casa la gente no experimenta lo que llamamos el efecto 'hay pastel en la sala de descanso'", dijo Bloom. Al menos para Ctrip, la oficina resultó ser un lugar terrible para trabajar.

Investigaciones como esta demuestran lo que seguro ya sospechabas. Pregúntale a cualquier persona que labore en la oficina de una empresa: "¿A dónde vas cuando *de verdad* necesitas concentrarte?" Rara vez te dirán que a su oficina, sobre todo si es uno de esos espacios abiertos donde su escritorio es un asiento en una mesa larga o un cubículo de paredes bajas, y su puerta en realidad es un par de audífonos con cancelación de ruido. Extraño, ¿no? Construimos espacios grandes y elaborados para que todos pudiéramos trabajar juntos, sólo para descubrir que la mayor parte del tiempo estar todos juntos es una distracción cuando se trata de terminar un trabajo.

Además de la libertad para concentrarse y reducir (o suprimir) el tiempo de traslado, gran parte de esa productividad y retención se debe a un aumento en el compromiso de los empleados cuando cambian al trabajo remoto. La organización Gallup, uno de los líderes mundiales en encuestas, ha estudiado el compromiso en el contexto del trabajo remoto desde 2008. En su estudio *State of the American Workplace* de 2020, publicado justo antes de que la realidad de la pandemia del covid-19 golpeara las costas de Estados Unidos, Gallup descubrió que tener la opción de trabajar de forma remota aumentaba la probabilidad de reportar que los empleados estaban comprometidos en su trabajo, pero sólo hasta cierto punto. El aumento de compromiso óptimo al trabajar de forma remota se produjo cuando los empleados pasaban entre 60 y 80% de su tiempo fuera del sitio, es decir, tres o cuatro días a la semana.[11]

Es complicado predecir, al momento de escribir este libro, cómo será el futuro del trabajo después de una pandemia. Pero no es difícil ver que la prevalencia del trabajo remoto no volverá a los niveles del memorando de Yahoo! en el corto plazo. En cambio, la mayoría de los empleados (cuyos trabajos lo permiten) se convertirán en remotos hasta cierto punto, dividiendo su tiempo entre la oficina, el hogar, la cafetería y cualquier otro espacio que deseen. Otros tal vez laboren para una empresa distribuida, una tan remota que ni siquiera exista una oficina a la cual acudir. Revisando las investigaciones sobre productividad y compromiso en conjunto, todos los líderes deben desarrollar un plan para hacer que su organización laboral sea flexible de forma permanente. Muchos empleados trabajarán desde cualquier lugar; esto significa que necesitas un plan para dirigirlos desde cualquier lugar.

Este libro es ese plan. Te ofrece conocimientos, ideas, herramientas y técnicas específicas para gestionar equipos remotos. En las siguientes páginas (o los pixeles o las ondas de sonido, seamos justos con todos los formatos de libros) abordaremos todo lo que los líderes deben saber sobre el trabajo en equipo en la era del trabajo a distancia. Y lo haremos examinando el ciclo de vida completo de un equipo remoto.

Empezaremos en el capítulo 1 con lo que debes hacer cuando tu equipo se está volviendo remoto o si acabas de ser nombrado líder de un equipo remoto. Nos ocuparemos de cómo establecer expectativas compartidas sobre el trabajo en equipo y la forma de construir una identidad compartida en el equipo.

El capítulo 2 desafía la suposición generalizada de que la cultura empresarial y de equipo se trata de ventajas y beneficios en la oficina. En realidad, muchas compañías que fueron remotas desde sus inicios ahora son reconocidas por sus culturas empresariales sólidas y positivas. También exploraremos qué hicieron y cómo puedes lograrlo.

El capítulo 3 revela cómo agregar nuevos miembros a tu equipo remoto, asegurarte de contratar a las personas adecuadas y de que se sientan incluidas, aun si no se han reunido con sus colegas al otro lado de todos esos pixeles en una videollamada.

El capítulo 4 se centra en asegurarte de que tus compañeros o empleados de equipo remoto (recién contratados o no) se sientan conectados entre sí y alineados con el grupo. El trabajo a distancia es solitario, pero los mejores equipos remotos construyen vínculos que muchas veces son incluso más fuertes que los presenciales.

El capítulo 5 es una inmersión profunda a cómo comunicarte con las personas de tu equipo. Revisaremos los diferentes tipos de comunicación y examinaremos las mejores prácticas para cada medio (siempre con un enfoque en terminar el trabajo, no sólo hablar de él).

El capítulo 6 profundiza aún más en uno de los métodos de comunicación de equipo más usados: las reuniones. Cubriremos las oportunidades y desafíos que presentan las reuniones de equipos remotos y ofreceremos un método para garantizar que sus reuniones virtuales funcionen mejor que las *reales*.

El capítulo 7 cubre la resolución de problemas y el pensamiento creativo en equipos remotos. Si bien tendemos a asumir que generar ideas es trabajo de individuos creativos solitarios, en realidad la creatividad es un deporte colectivo. Y no es diferente para los equipos remotos.

El capítulo 8 reconsidera la gestión del desempeño. En esta era remota, la gestión significa abandonar la idea de que la presencia es igual a la productividad. En su lugar, los líderes de equipo inteligentes saben cómo ayudar a su gente a establecer medidas importantes, y esto es más importante en el trabajo remoto.

El capítulo 9 examina el otro lado de mantenerse productivo: silenciar las distracciones. Los mejores líderes de equipos remotos ayudan a su gente a establecer límites entre el trabajo a distancia y el resto de su vida, incluso cuando las cosas se ponen borrosas. Eso no sólo reduce las distracciones, también ayuda a prevenir el agotamiento.

Y en el capítulo 10 consideraremos el desafío más difícil al que se enfrenta cualquier equipo (remoto o no): despedirse. Ningún equipo dura para siempre y los mejores líderes ayudan a su gente a mantenerse conectada con sus colegas al mismo tiempo que la ayudan a prepararse para prosperar en su próximo equipo.

En caso de no responder a todas tus preguntas en estos 10 capítulos, también incluimos dos secciones al final del libro. La primera ofrece un breve resumen de las diversas tecnologías que puedes necesitar para liderar a tu equipo. La segunda sirve como un recurso general para cualquier pregunta demasiado grande para ser ignorada pero que no encaja en un capítulo existente. Te invitamos a leer este libro desde el capítulo 1 hasta el 10 o saltar a diferentes páginas para encontrar las ideas correctas para la situación que enfrentas en la actualidad.

Todo se suma a lo que necesitarás para sobrevivir y prosperar como líder de un equipo remoto (algo que deberás considerar de ahora en adelante).

1

VOLVERSE REMOTO

Ya sea que dirijas un equipo nuevo en una empresa remota o estés a cargo de volver a tu equipo remoto, el éxito o fracaso depende de algunos elementos clave. Incluso antes de decidir qué software usarás, lleva a tu equipo a un lugar de comprensión, identidad y propósito compartidos.

"En cuanto cerramos nuestra puerta, dejamos de producir cualquier ganancia."[1]

Curtis Christopherson nunca planeó dirigir equipos remotos o trabajar con clientes a distancia. Pero todo eso cambió cuando la crisis del covid-19 lo obligó a cerrar su negocio. De repente, Christopherson, el fundador y CEO de Innovative Fitness, vio cómo su modelo presencial de entrenamiento era arrojado por la ventana. Innovative Fitness celebraba su vigésimo quinto aniversario al mismo tiempo que planeaba cerrar las puertas de cada una de sus 12 ubicaciones. A principios de 2020 la compañía empleó a más de 250 entrenadores personales y gente de apoyo. Cada uno de esos capacitadores trabajó en una ubicación física que tenía la reputación de atraer clientes. "Si se hospeda en el Ritz-Carlton en Toronto y desea una sesión de entrenamiento personal, el *concierge* lo envía a nosotros. Así de similar es la calidad de la experiencia de nuestros clientes."

Todos los ingresos de Innovative Fitness dependían de esas interacciones en vivo que, de repente, fueron escasas. A medida que la nueva pandemia de coronavirus se volvía incontenible, Christopherson sabía que su empresa tendría que cambiar rápidamente.

Cuando le informaron que algunas personas y un par de clientes habían regresado de un viaje a Europa y habían dado positivo a coronavirus, Christopherson no lo dudó. Esa misma noche, el domingo 15 de marzo, programó una videoconferencia y les dijo a todos que no abrirían al día siguiente. No sabía qué harían, pero sí sabía que no iban a contribuir a la propagación del virus. Christopherson dijo a sus empleados que se les pagaría en su totalidad hasta el final de esa semana y que la compañía tendría un plan listo para entonces. "Les dijimos: 'Lo resolveremos y nos comunicaremos con ustedes el viernes'. Luego nos pusimos a pensar e intentamos encontrar ese plan." Examinaron los mejores escenarios de estar cerrados durante algunas semanas y el peor de los casos de estar cerrados durante seis meses. Y vieron girar todo el negocio.

Eligieron dar un viraje.

Eligieron volverse remotos.

La empresa ya trabajaba con un proveedor de software para desarrollar un sistema patentado de programación y facturación de citas. Formularon una pregunta loca: "¿Puede agregar videollamadas a la plataforma?" Cuando su proveedor dijo que sí, tenían el plan, crearían, en dos semanas, un sistema completo para que sus entrenadores personales se reunieran de manera virtual con los clientes existentes y mantuvieran las relaciones (y los ingresos) en marcha. También crearon un plan de estudios no sólo para enseñar a sus capacitadores cómo usar el software, sino para capacitar de manera efectiva a los clientes remotos (en un software que todavía estaba en proceso de construcción). Y crearon planes de entrenamiento que podrían llevarse a cabo sin equipo en una variedad de entornos domésticos.

Ese viernes, una semana después de su transformación de dos semanas, Christopherson se reunió en línea con todo su personal. Les dijo: "Ofreceremos la misma calidad de servicio y el mismo programa de capacitación a todos nuestros clientes. Nada cambiará, excepto cómo nos reunimos para entrenarlos". Christopherson también se apoyó en la misión y visión de la compañía y destacó cuán comprensivos eran de la situación de cada empleado debido a la crisis. Pero al final de la reunión hizo una pregunta simple: "¿Le entran?"

"De casi 225 entrenadores, 205 dijeron que sí de inmediato", recordó Christopherson.

El 30 de marzo Innovative Fitness lanzó su servicio de entrenamiento personal virtual con un equipo de instructores de fitness en línea totalmente capacitados.

Aunque muchos de sus clientes ya regresaron al estudio, la oferta virtual sigue siendo la fuente de ingresos de más rápido crecimiento de Innovative Fitness… y no va a desaparecer.

Christopherson reflexionó lo grande y atrasado que se sintió este cambio. "Lo más loco para mí es que habíamos ignorado por completo la tecnología. Teníamos una página de internet, pero apenas estaba actualizada —explicó—. En los 25 años que llevamos de existencia nunca habíamos convertido a un solo visitante del sitio web en cliente sin que ellos vinieran a una ubicación y hablaran con uno de nosotros." En cuanto lanzaron su oferta virtual empezaron a ver que se registraban clientes de todo el mundo (con muy poca interacción necesaria). Tener una división remota de la empresa le permitió encontrar clientes en cualquier lugar y momento, pero también contratar y retener talentos de todo el planeta. Antes, si un entrenador se mudaba fuera de su área geográfica, era el final de la relación. Ahora Innovative Fitness puede mantenerlos como parte del equipo.

En lugar de una compañía física con una oferta de formación virtual, en la actualidad Christopherson considera a Innovative Fitness una empresa remota propietaria de algunos gimnasios. "Nos esforzamos por convertirnos en el Uber del entrenamiento personal. En cualquier lugar del mundo en que te encuentres, te conectamos con un instructor de acondicionamiento físico para que te guíe a través de un entrenamiento personalizado basado en tus objetivos, necesidades, habilidades y equipo."

Quizá Christopherson nunca planeó dirigir una empresa remota. Pero ahora no tiene planes de regresar al modelo anterior.

Todos los líderes encargados de dirigir un equipo remoto comparten muchos de los desafíos que enfrentan Christopherson e Innovative Fitness. Necesitan descubrir cómo capacitar a los clientes en un entorno virtual y, lo más importante, cómo capacitar a más de 200 empleados para trabajar juntos y con sus clientes de forma totalmente remota. Ése es su principal desafío como líder remoto (uno fundamental para el éxito de una empresa a distancia): ayudar al equipo a aprender a trabajar en conjunto sin interacción cara a cara.

No importa si una nueva crisis exigió que tu equipo se volviera remoto o si sólo te convertiste en el líder de uno, *volverse remoto* crea muchos obstáculos más allá de la simple logística.

¿Cómo haces que las personas se sientan como un equipo cuando no están juntas de forma física?

¿Cómo les ayudas a colaborar cuando no pueden caminar hasta los cubículos de los demás?

¿Cómo los mantienes alineados y motivados para la tarea en cuestión, incluso cuando trabajan en diferentes zonas horarias o hacen malabares con sus responsabilidades en casa?

Por suerte, aunque el trabajo a distancia es nuevo para muchas organizaciones, los equipos remotos han existido de alguna forma durante el tiempo suficiente como para aprender muchísimo de sus éxitos y fracasos. Martine Haas y Mark Mortensen llevan años estudiando equipos remotos, incluyendo los globales formados por miembros de una sección transversal de una organización (un tipo de equipo de verdad *sin límites*, si es que alguna vez hubo alguno).[2] Han visto cómo volverse remoto crea una serie de desafíos y oportunidades para los equipos y sus directivos. En particular dos elementos se destacan como retos únicos que los líderes deben abordar, no importa si su equipo se está volviendo remoto o si están formando un nuevo equipo en un entorno a distancia: la *comprensión compartida* de los hábitos y el entorno de trabajo de los demás y la *identidad compartida* entre los miembros del equipo.

En este capítulo veremos cómo lograr cada uno y ofreceremos un tercer elemento importante y urgente para los gerentes de todo tipo de equipos: unir a tu equipo alrededor de un mismo propósito.

Comprensión compartida

En los modelos tradicionales de cómo se desarrollan los equipos existe un caos controlado en los primeros momentos de la vida del grupo. Un modelo conocido incluso llama *tormenta* a la primera etapa de formación: los miembros del equipo expresan sus opiniones y se miden unos a otros. El conflicto es un hecho hasta que el equipo se adapta (de forma gradual) a las normas de comportamiento y todos aprenden de los hábitos laborales de los demás. La mayoría de estos modelos se desarrolló para equipos en vivo, en los cuales esta etapa se supera con bastante rapidez. En un equipo remoto el líder debe resaltar estas normas mientras minimiza el conflicto. Ahí entra la comprensión compartida.

La comprensión compartida se refiere al grado en que los miembros del equipo tienen una perspectiva común sobre la experiencia del grupo, las tareas asignadas, el contexto y las preferencias. Cada persona tiene diferentes habilidades, capacidades y conocimientos. En un equipo remoto es probable que también provengan de diferentes contextos y restricciones culturales. Aunque esto también pasa en los equipos presenciales, hay más probabilidades de ser malinterpretado o malentendido en uno remoto que carece de la influencia de un entorno compartido. Los miembros del grupo necesitan saber quién sabe qué, quién asume qué responsabilidad y cómo acercarse a cada persona (para pedir u ofrecer ayuda). Proporcionar a los miembros un espacio para desarrollar esta comprensión compartida es crucial.

Una forma sencilla de empezar es dedicando un tiempo (no estructurado a propósito), en las reuniones del equipo o en cualquier otro momento de la semana, para discutir una amplia gama de temas. Al dar un espacio para hablar sobre eventos de la vida diaria, momentos familiares o noticias de la industria no relacionadas con la tarea en cuestión, brindas a cada miembro del grupo la oportunidad de aprender más sobre los demás. Haas y Mortensen incluso recomiendan permitir que los miembros del equipo realicen *recorridos virtuales* de sus espacios de trabajo y mover la cámara por la habitación durante una videollamada, mostrando a los demás el entorno en el que laboran (incluyendo las distracciones que enfrentan y cómo se mantienen productivos).

Otro enfoque simple para la comprensión compartida es la coordinación de calendarios. La naturaleza de los equipos a distancia les da la libertad de diseñar un calendario que les funcione. Es mejor si esos calendarios se superponen un poco. Trabajar juntos en proyectos con un día de retraso puede resultar agotador. Y, a menos que sea un equipo de verdad global, es una carga que no necesitas. Así que, mientras estableces expectativas compartidas con el grupo, guía a cada uno para que el calendario de todos tenga al menos unas horas de superposición (será más fácil saltar a una llamada rápida o intercambiar algunas notas durante el día).

Con la comprensión compartida viene el acceso equitativo a la infraestructura y el desarrollo de un entendimiento de las capacidades tecnológicas de los demás. Los equipos remotos dependen de la tecnología. El rol del líder es asegurarse de que los miembros tengan el mismo acceso a las tecnologías que necesitarán para colaborar. Reflexiona cuánto consideró Innovative Fitness en nombre de sus empleados (y clientes) antes de lanzar su oferta virtual y saber que tendría éxito. Del mismo modo, debes averiguar quién necesita qué y quién requiere entrenamiento para usar las herramientas. No te descuides cuando se trata de capacitación (es difícil hacer una reunión virtual eficaz cuando se te olvida cómo prender tu micrófono).

Esto no sólo incluye tecnología, también acceso a la información. Asegúrate de que tu gente tiene acceso a todo lo que necesita. Muchas compañías adoptan una política de *necesidad de saber* sobre la información y el acceso al software. Salvo los datos de recursos humanos, la mayoría de las empresas tiene menos información sensible de la que cree. Pero en un esfuerzo por bloquear la parte sensible las compañías excluyen a los empleados (sin saberlo) de la información necesaria para hacer bien su trabajo. En un entorno de oficina esto es un inconveniente simple: los empleados buscan a la persona responsable de otorgar el acceso y esperan mientras lo habilita. En un entorno remoto puede ser un bloqueo total de la producción: encontrar a la persona adecuada puede ser fácil, pero esperar a que otorgue el acceso puede tardar días (o más) porque todos trabajan de forma asincrónica.

Y si no puedes confiar en tus empleados… tienes problemas más grandes que resolver antes de darles o no un nombre de usuario y contraseña.

Desarrollar la comprensión compartida hace más fácil la coordinación de roles y más rápida la colaboración. Es un primer paso crucial para crear un equipo remoto o convertir uno que ya existía en remoto. Pero no es el único.

Identidad compartida

Desarrollar la identidad compartida es importante para cualquier equipo, pero en especial para los remotos. La identidad compartida se refiere al grado en que los miembros perciben el mismo sentido de quiénes son como grupo designado. Indica si los miembros de verdad sienten o no que pertenecen a determinado equipo y si le son leales. Décadas de investigación en ciencias sociales demuestran que las personas le dan sentido a su mundo aplicando categorías y etiquetas a su entorno, incluyéndose y a quienes los rodean. *Equipo* es una de esas etiquetas y tiene gran importancia, porque cuando nos identificamos con un grupo en particular ese colectivo da forma a nuestra identidad y comportamiento.

En un equipo, una identidad compartida fuerte reduce los conflictos, estandariza las normas de comportamiento, aumenta la cohesión, la colaboración y mejora el desempeño. Pero en un entorno remoto, donde uno o dos miembros se encuentran juntos y otros dispersos, el sentido de equipo de una persona puede distorsionarse. Los seres humanos tendemos a pensar *nosotros contra ellos*, y el *nosotros* con facilidad se malinterpreta como miembros del equipo presencial, incluso como empleados en una función diferente en la organización (aunque trabajen en el mismo lugar).

Me viene a la mente un ejemplo poderoso de los inicios de mi carrera, cuando trabajaba en ventas en un *equipo* remoto. El organigrama definía a mi equipo como las nueve personas que reportaban al mismo gerente de ventas de distrito. Pero la compañía tenía otros dos representantes que trabajaban en el mismo territorio que yo y llamaban a los mismos clientes (por suerte vendíamos productos diferentes). En este contexto borroso, era imposible distinguir de qué equipo eras. ¿Eras de la gente que compartía el mismo jefe? ¿O de la gente que llamaba para pedirle ayuda porque vivía en la misma ciudad, compartía los mismos clientes problemáticos y respondía a las solicitudes mucho más rápido? Veinte años después aún no sé la respuesta a esa pregunta... pero sí sé quién recibe una tarjeta de Navidad todos los años (y no es mi antiguo jefe).

El desarrollo deliberado de una identidad compartida elimina esa confusión. Una forma poderosa de desarrollar no sólo una identidad de equipo, sino también un vínculo entre los miembros, es señalar (y seguir señalando) la meta superior del equipo. Las metas superiores son los objetivos que afectan a todos en un grupo (o entre grupos) y que requieren la participación de todos los afectados para alcanzarlas. Pueden ser un objetivo pero también un reto que amenaza a todos en el equipo, a menos que se unan para superarlo. Para Innovative Fitness ese objetivo principal fue garantizar que la organización sobreviviera, incluso ahora se apoyan en gran medida en la misión y los valores de la empresa: usar el fitness personalizado para ayudar a las personas a vivir mejor.

Los estudios de las metas superiores muestran que, cuando se reúnen varios grupos y les asignan algo que los obliga a elegir entre colaboración y fracaso, con más frecuencia eligen la colaboración.[3] Al hacerlo eligen redefinir su colectivo no como el grupo original sino como el equipo de equipos recién formado.[4] Y esta nueva identidad perdura mientras la meta superior está presente.

Las metas superiores son la clave para romper los silos y poner fin a las guerras territoriales en toda una organización. Y para un equipo remoto las metas superiores son el secreto de la identidad compartida. Cuando estés discutiendo roles y responsabilidades, incluso si sólo estás verificando el progreso, asegúrate de conectar los esfuerzos individuales con la meta superior. Siempre que hables de la productividad individual date un tiempo para señalar el gran *por qué* está trabajando todo el equipo. Recuerda a cada persona que su esfuerzo individual contribuye al progreso hacia una misión más grande y prepárate para compartir historias de cómo hasta la victoria más pequeña fue un escalón hacia esa misión.

Es complicado saber si los objetivos de desempeño de tu equipo son los suficientemente grandes como para convertirse en la meta superior que genera una identidad compartida. Por eso en los últimos años he adoptado un enfoque poco ortodoxo (con las empresas y los líderes con los que trabajo) para asegurarme de que las metas se consideren superiores. Todo tiene que ver con cómo hablamos del propósito más grande.

Propósito compartido

Sabemos que la gente desea un sentido de propósito y lo quiere en algo más que sólo su vida personal. También lo quiere en el trabajo. Pero debemos admitir que muchas organizaciones tropiezan al retratar ese propósito de una manera que ayude a sentir que *su* trabajo de verdad importa.

En la reconocida encuesta de compromiso de los empleados Q12 de Gallup, una de las preguntas centrales es si la misión o el propósito de la empresa hace que su trabajo se sienta importante. Y en respuesta a todo lo que se habla sobre la misión, las organizaciones grandes y pequeñas se han tomado el tiempo para elaborar su declaración de misión o visión *perfecta*. O ambos.

Pero en los 20 años transcurridos desde que Gallup comenzó a aplicar la encuesta, la cifra de empleados comprometidos ha oscilado entre 20 y 40%.[5] Para mí, esto sugiere que la desconexión se encuentra entre la misión o el propósito declarado de una organización y el rol de un empleado individual en la compañía. Una razón para esa desconexión puede ser que la declaración de misión es nefasta (¿quién quiere escuchar todo sobre el *valor para los accionistas* además de los accionistas?). También puede ser que los líderes no se toman el tiempo para comunicar cómo los roles individuales o colectivos específicos ayudan a lograr la misión. En otras palabras, la misión de la empresa no se traduce de forma activa en la misión o visión compartida de un equipo.

Al ir trabajando con más organizaciones y equipos para establecer un propósito compartido, desarrollé una especie de prueba de fuego para determinar si la misión general de la organización se ha internalizado o no. Busco una respuesta clara y concisa a la siguiente pregunta: ¿por qué estamos luchando?

No ¿contra *quién* estamos luchando? Ésa es una pregunta sobre competidores y establece una mentalidad competitiva de nosotros contra ellos que no es muy útil. ¿Por qué estamos luchando? significa ¿cuál es el problema en el mundo que tratamos de resolver? o ¿cuál es la injusticia que queremos solucionar?, incluso tan simple como ¿qué estamos tratando de probar?

Ahora, antes de que descartes la idea por ser demasiado violenta o pasada de moda, déjame decirte que lo entiendo. Las corporaciones usaron el lenguaje de batalla durante décadas, en vanos intentos de reunir a sus empleados, y lo encontraron deficiente. En gran parte eso se debe a lo que dije antes: centraron su retórica de *lucha* en los competidores, muchas veces las mismas organizaciones de las que los empleados acaban de llegar o para las que trabajarán dentro de unos años. Incluso si no fue así, no es eficaz porque es una mentalidad a corto plazo. Nosotros hablamos de un propósito a más largo plazo.

Entonces, cuando pregunto ¿por *qué estamos luchando?* es para verificar si en sus mentes han traducido el propósito declarado de la organización en algo más grande (algo que incluso se vería como la meta superior que mencioné antes). Esto define, en un lenguaje breve y preciso, por qué existe la organización. Y le da a la gente algo que la mayoría deseamos de nuestro trabajo. Uno de los valores fundamentales de Innovative Fitness es: *Encontramos un camino. Sin excusas*. Cuando empezó la crisis del covid-19 esa pequeña frase se convirtió en una lucha para toda la empresa.

Dentro de la pregunta ¿por qué estamos luchando? hay tres formatos o tipos de *peleas* que, según las investigaciones, son más inspiradoras para las personas y crean un propósito compartido en los equipos:

- La lucha revolucionaria
- La lucha de los indefensos
- La lucha de los aliados

La lucha revolucionaria es sobre cambiar el *statu quo*. Se trata de señalar algo en la industria o en la sociedad que tu organización y equipo están trabajando para cambiar. La lucha de los indefensos es enfrentar a los jugadores establecidos en una industria y ganar a través de una mejor forma de operar. Y la lucha de los aliados no se trata en realidad de la batalla de una empresa, sino de la lucha de los clientes o de las partes interesadas y de cómo su trabajo les ayuda a ganar.

La gente no quiere unirse a una compañía... quiere unirse a una cruzada. Y como líder, la mejor manera de construir el propósito compartido que genera una identidad compartida y desarrolla una comprensión compartida es señalar desde el principio esa cruzada y recordarles a las personas, de manera frecuente y continua, cómo el trabajo que están haciendo promueve la causa.

Establecer estas mentalidades clave desde el principio preparará a tu equipo para el éxito. Ayuda a tus compañeros de grupo a desarrollar una comprensión compartida del conocimiento, habilidades, fortalezas y situaciones de los demás. De igual forma, guíalos a una comprensión compartida de las expectativas que tienen el uno del otro. Genera una identidad compartida apelando a las metas superiores que persigue tu equipo y la causa por la que lucha. No sólo harás que tu equipo remoto sea más productivo, los harás sentir más cercanos entre sí, sin importar lo lejos que estén.

REGLAS PARA LÍDERES REMOTOS

Cuando se crea un equipo a distancia o uno que ya existía se vuelve remoto, enfrentará muchos desafíos y oportunidades. Pero las acciones de los líderes pueden prepararlo para el éxito al responder los desafíos y aprovechar las oportunidades. He aquí una revisión rápida de nuestras reglas para líderes de equipos remotos:

- Fomentar la comprensión compartida al hacer espacio para los temas personales.
- Crear una identidad compartida apelando a las metas superiores.
- Desarrollar un propósito compartido respondiendo la pregunta *¿Por qué estamos luchando?*

Y si buscas herramientas que te ayuden a implementar estas reglas con tu equipo, puedes obtener varios recursos como plantillas, hojas de trabajo, videos y más en davidburkus.com/resources (disponibles sólo en inglés).

2

CONSTRUIR LA CULTURA DE FORMA REMOTA

La cultura se refiere a las creencias, valores, comportamientos y normas dentro de una organización. La cultura de un equipo tendrá un efecto dramático en su éxito o fracaso, y un efecto aún más profundo en tu cordura como líder del grupo. Por suerte, existe bastante investigación que usaremos como modelo para construir una cultura de equipo.

Cuando entrevistaron a Frank Van Massenhove para convertirse en el director del Ministerio de Seguridad Social de Bélgica dijo lo que pensó que debía decir para conseguir el trabajo. Declaró que mantendría el *statu quo*. Aseguró que no alteraría casi nada. Y funcionó. En 2002 asumió el cargo de director de la institución, y de inmediato lo golpeó la realidad. Encontró un organismo descuidado y repartido en cuatro edificios federales en Bruselas. Uno de ellos fue estacionamiento antes de oficinas y sólo le hicieron algunas actualizaciones. Podías conducir autos por los pasillos... porque eso pasaba antes de que pusieran escritorios. Era un departamento sin salida para funcionarios públicos de bajo rendimiento y ciudadanos que no conseguían trabajo en ningún otro lado. Pero la consternación que heredó Van Massenhove también fue una gran oportunidad, y la reconoció desde el principio.

"Mentí durante mis entrevistas —recuerda Van Massenhove—. Si hubiera sido honesto por completo sobre mi plan de no tomar yo todas las decisiones y dar el poder a los empleados, no me habrían contratado."[1] Como la reputación de bajo desempeño del ministerio era tan mala, nadie tenía expectativas reales. De hecho, nadie los veía. "Mantuvimos la puerta cerrada por un tiempo, le dimos la vuelta y luego la volvimos a abrir", explicó.

¿Cómo fue poner todo al revés?

Los primeros pasos consistieron en dar autonomía a las personas. Antes, el ministerio trabajaba como la mayoría de la gente cree que funciona la burocracia gubernamental. Estilo de liderazgo de mando y control. Recetas muy específicas sobre cuándo y cómo debías trabajar. Pero Van Massenhove sintió que su gente no necesitaba nada de eso. Quizá debía mostrarles qué hacer, pero no cómo ni cuándo. "No creemos en el reloj —se jactó una vez—. El reloj indica que existe una gran posibilidad de que te encuentres en el edificio."[2] Y en opinión de Van Massenhove, sólo significa eso. No quiere decir que estés trabajando.

Dar autonomía a su personal pronto significó una confianza para que todos trabajaran donde quisieran. En cuanto los empleados pudieron mover sus horarios laborales, de forma natural surgió un deseo de trabajar unas horas después de acostar a los niños o cuando esperaban en el consultorio del dentista... y el deseo creció. En unos cuantos años Van Massenhove transformó una sofocante burocracia gubernamental con escritorios abarrotados en húmedas *oficinas* en una organización remota casi por completo. De los mil 200 empleados por el ministerio, más de mil trabajaron de forma remota durante el mandato de Van Massenhove. Se les alentaba a ir a la oficina ciertas horas cada determinado tiempo para comunicarse entre ellos, pero, por lo demás, se confiaba en ellos para administrar su horario y trabajar en el día, la hora y el lugar que quisieran.

¿Cuál fue el efecto de toda esa confianza?

En los primeros tres años de su mandato la productividad aumentó 18%. Después siguió aumentando alrededor de 10% por año. El ministerio tuvo el menor número de ausencias por enfermedad de todos los ministerios belgas y casi no hubo agotamiento. También ganó el Premio al Liderazgo Equilibrado de Género por tener una representación más balanceada en todos los niveles de la organización (sin implementar ninguna política formal de género). Algo aún más importante: la organización se transformó de un callejón sin salida al lugar más deseado para trabajar. Antes de que Van Massenhove asumiera el cargo el ministerio sólo recibía tres solicitudes para una vacante. Al final de su mandato había cerca de 60 solicitantes que competían por el mismo puesto.

El elemento del trabajo a distancia no atrajo a todo ese talento nuevo y lo motivó a ser productivo. Claro, eso ayudó, pero lo más importante fue la cultura que Van Massenhove construyó dentro del ministerio (o para decirlo con mayor exactitud: reconstruyó). "Ofrecimos evidencia de que una cultura basada en la libertad y la confianza de verdad funciona —argumentó Van Massenhove—. Hacemos el mismo trabajo, pero de manera diferente."[3]

Van Massenhove buscó construir una cultura organizacional próspera dentro del ministerio y resultó en una transformación a una organización remota. Si tu equipo ya es remoto (incluso si lo ha sido durante algún tiempo), el paso fundamental de construir (o reconstruir, según sea el caso) la cultura correcta puede ser la diferencia entre que tu equipo prospere o no. Por lo tanto, en este capítulo hablaremos de qué hace que una cultura colectiva prospere y ofreceremos varias tácticas para construir (o reconstruir) esa cultura en tu equipo remoto.

De qué hablamos cuando hablamos de cultura

A veces la cultura de una empresa parece difícil de precisar, pero la experimentamos todos los días y tiene una gran influencia en cómo nos sentimos en el trabajo que hacemos y nuestro papel en la organización. La cultura de una compañía refleja la forma de pensar y actuar de su gente. También cómo se tratan los empleados todos los días. A medida que aumenta la migración de equipos presenciales a remotos, la cultura empresarial como influencia general (de arriba hacia abajo) se vuelve menos relevante y la importancia de la cultura de equipo individual aumenta. Eso significa que, como líder remoto, la carga de construir la cultura recae sobre ti.

Por suerte ahora contamos con una sólida investigación sobre los elementos clave necesarios para crear la mejor cultura de equipo. En 2015 el equipo de People Analytics de Google hizo una pregunta ambiciosa: ¿por qué algunos equipos se desempeñan mejor que otros? Los Googlers (así les dicen) se asociaron con algunos de los mejores psicólogos organizacionales y estadísticos del mundo para realizar uno de los estudios de equipos más grandes jamás realizados. Al principio pensaron que todo se trataba de quién estaba en el grupo y de conseguir a las personas adecuadas para los puestos correctos. Pero los datos no produjeron ningún patrón discernible cuando se trataba de personas. No se trataba de cuán talentosos fueran los miembros individuales o si existía la combinación correcta de habilidades, capacidades y conocimientos. Abeer Dubey ayudó a liderar el proyecto de Google y explicó: "Analizamos 180 equipos en toda la empresa [...] Teníamos mucha información, pero nada mostraba que una combinación de tipos de personalidad, habilidades o antecedentes específicos hiciera alguna diferencia. En la ecuación, la parte 'quién' parecía no importar".[4]

Pero cuando los investigadores desviaron su atención de los atributos del equipo hacia sus comportamientos, tradiciones y normas habituales (en otras palabras, su cultura) encontraron patrones que explicaban la diferencia entre los equipos de mayor rendimiento y todos los demás. En total, descubrieron cinco elementos que explicaban cómo los mejores equipos se convirtieron en los mejores equipos:

- Confiabilidad: la medida en que los miembros del equipo eran responsables de las expectativas compartidas.
- Estructura y claridad: si el equipo había establecido roles y reglas de compromiso.

- Significado: qué tanto sentía el equipo que su trabajo era importante.
- Impacto: cuánto sentía el equipo que su trabajo marcaba la diferencia.
- Seguridad psicológica: qué tanto sentían que podían ser vulnerables y auténticos entre sí.[5]

Ya hablamos de algunos puntos. Como recordarás, en el último capítulo vimos que Martine Haas y Mark Mortensen descubrieron que los equipos virtuales luchaban por ser efectivos cuando no lograban desarrollar una comprensión y expectativas compartidas. En otras palabras, carecían de confiabilidad, estructura y claridad. Y mi investigación sugiere que los equipos se unen de manera más efectiva cuando pueden responder la pregunta: ¿por qué estamos luchando? Es decir, cuando desarrollan un significado compartido y un sentido de impacto en torno al trabajo que realizan. Pero todavía no hemos explorado ese quinto elemento que contribuye de manera vital a una cultura de equipo próspera: la seguridad psicológica.

Entonces, ¿de qué hablamos cuando hablamos de seguridad psicológica? Amy Edmondson, la investigadora más importante sobre el tema, lo describió como: "Un clima de equipo caracterizado por la confianza interpersonal y el respeto mutuo donde las personas se sienten cómodas siendo ellas mismas".[6]

En un experimento, Edmondson examinó el liderazgo de las jefas de enfermeras en diferentes pisos de un hospital y notó que con frecuencia las mejores (según sus equipos) tenían tasas más altas de errores documentados que las juzgadas como peores. Cuando investigó más, pronto encontró una explicación. No se trataba de los errores, sino de la documentación. Las mejores líderes crearon seguridad psicológica, por eso las demás enfermeras se sintieron libres de admitir sus errores y recibir corrección; luego todas se beneficiaban del aprendizaje ocurrido después del error. Cuando las líderes no creaban suficiente seguridad psicológica, las enfermeras individuales sentían que debían ocultar sus equivocaciones. Más allá de las cuestiones éticas, esconder los errores también significó que esos equipos no tenían el aprendizaje posterior.

La seguridad psicológica es la medida de qué tan libres se sienten las personas de un equipo para compartir sus ideas, experiencias y todo su ser con el grupo. La seguridad psicológica ayuda a los miembros a estar más dispuestos a presentar ideas locas que podrían llevar al equipo en una dirección diferente, una que al final conduce a la genialidad.

Entonces, ¿cómo incorporar la seguridad psicológica en la cultura de nuestro equipo? Si revisamos la definición de Edmondson, parece depender de dos elementos clave: confianza interpersonal y respeto mutuo.

Si quieres construir una cultura de seguridad psicológica en tu equipo (¿y por qué no querrías si acabamos de identificarla como el último elemento de una cultura próspera?), debes concentrarte en desarrollar un clima de confianza y respeto. Veamos cada concepto.

Confianza

El primer ladrillo para construir la seguridad psicológica es la confianza. Sé que en este momento parece un cliché porque lo has escuchado con mucha frecuencia, pero de alguna manera eso subraya cuán cierto es que el elemento central de las culturas productivas y saludables, tanto para las empresas como para los equipos, es la confianza. Si los miembros del grupo confían unos en otros y en su líder, casi todo funciona mejor. Las investigaciones demuestran que las organizaciones con confianza alta reportan 74% menos estrés y 106% más energía en el trabajo que las organizaciones con poca confianza. Tienen 76% más compromiso, son 50% más productivas y tienen 13% menos ausencias por enfermedad. Además, las personas que trabajan en organizaciones con altos niveles de confianza experimentan 26% más satisfacción con su vida y 40% menos agotamiento.[7]

Todos hemos oído hablar de la importancia de la confianza, pero la dificultad radica en generarla en tu equipo. Remota o no, muchas veces la confianza se siente frustrantemente intangible. ¿Cómo mides esta cualidad en tu equipo? ¿Cómo sabes que la tienes? Resulta que gran parte de nuestra dificultad para comprender la confianza surge de pensar que es un sentimiento o una emoción.

Pero la confianza es una sustancia química. Específicamente, los humanos sienten confianza cuando la oxitocina está más presente en el cerebro y el torrente sanguíneo. La oxitocina se produce en el cuerpo de forma natural; es un péptido, una cadena de aminoácidos, si quieres verte muy nerd. De hecho, muchas veces le dicen *hormona de la unión* porque se libera cuando te involucras en actividades de vinculación fuerte. Cuando las madres dan a luz o amamantan a sus bebés aumenta la oxitocina. Cuando nos abrazamos, tocamos o disfrutamos una comida con otros, aumenta la oxitocina. Si la oxitocina está presente, nuestra frecuencia cardiaca se reduce, la respiración disminuye y las hormonas del estrés bajan. Curiosamente, aumentan la atención, la memoria y el reconocimiento de errores de nuestro cerebro. Por todas estas razones (y algunas más), los científicos que estudian la oxitocina creen que no sólo reduce el miedo, sino que aumenta la confianza entre las personas.

En un estudio, el investigador Paul Zak quería examinar si el aumento de la oxitocina de los participantes elevaría su percepción de la confianza y si actuarían o no de manera confiable al relacionarse con los demás.[8] Para hacerlo, Zak y su equipo modificaron un experimento de laboratorio común en los economistas: el juego de inversiones. En la versión estándar, los participantes se emparejan de forma aleatoria con un socio anónimo. El jugador uno recibe 10 dólares y le dicen que puede darle cualquier cantidad al jugador dos, incluyendo cero dólares. A los dos jugadores les dicen que se triplicará el dinero transferido. Entonces, si el jugador uno envía cinco dólares al jugador dos, éste recibirá 15. En el último paso, le dicen al jugador dos que puede devolver cualquier cantidad al jugador uno, incluyendo cero dólares. (De aquí surge la parte de *inversión* del nombre del experimento. El jugador uno está *invirtiendo* en el jugador dos y confía en que le dará un rendimiento positivo.)

Por lógica, este juego no debería producir ninguna inversión. Se le pide al jugador uno que confíe en que el jugador dos, a quien no conoce, le devolverá una parte de la cantidad recién triplicada. Pero el jugador dos podría tomar el dinero y salir corriendo. El jugador uno debe anticiparse, tomar el dinero y correr primero.

Pero eso rara vez sucede porque los humanos somos una especie que confía. Y esto descubrieron Zak y su equipo. Cuando los participantes completaron el juego, con diversos grados de inversión, los acompañaron a una habitación para sacarles muestras de sangre y hacerles pruebas de oxitocina. Con sorpresa, Zak descubrió que las decisiones de inversión se correlacionaban con el nivel de oxitocina en la sangre. Mientras más oxitocina, más confiaban en su compañero. Y entre más confiaba el jugador uno en el dos, el jugador dos sentía más confianza y respondía de forma recíproca. "La oxitocina aumenta cuando alguien confía en ti y facilita la confiabilidad", explicó Zak.[9]

Por lo tanto, la confianza no se da ni se gana. Sino las dos al mismo tiempo.

La confianza es recíproca

En el contexto de dirigir un equipo remoto (o cualquier colectivo), generar confianza significa crear oportunidades para que las personas se sientan confiables y actúen de manera confiable. Los líderes deben generar estas oportunidades, primero a pequeña escala, sabiendo que con el tiempo aumentarán a un mayor sentido de confianza a medida que el equipo siga trabajando en conjunto. Empieza en pequeño. Y sé el primero. Demuestra que confías en que tu grupo hará el trabajo sin tener que monitorearlo de manera constante (hablaremos de esto con mayor profundidad más adelante), así se sentirá confiable y responderá de la misma manera. Comparte tus pensamientos e inquietudes de manera abierta y tu equipo sentirá confianza por tu vulnerabilidad y responderá de la misma forma. Admite tus errores y tu gente sentirá que puede confiar en ti y admitir sus errores contigo. Asume la responsabilidad de los problemas de rendimiento y tu grupo sentirá que puede hacer lo mismo, en lugar de echarles la culpa a otras cosas o personas.

La confianza es un componente fundamental para fomentar la seguridad psicológica. Pero el otro factor igual de importante es asegurarte de que tu equipo demuestre respeto en cada interacción.

Respeto

Mientras que la confianza se refiere al grado en que puedo compartir mi yo auténtico contigo, el respeto se refiere al nivel en que siento que tú aceptas ese yo. Si confío en ti, significa que estaré abierto contigo cuando comparta. Si me respetas, significa que valoras lo que comparto.

Por desgracia, el respeto en el ámbito laboral (o al menos *sentirse* respetado en el lugar de trabajo) es muy bajo, a pesar del enorme impacto que tiene en las organizaciones. En 2013 la profesora Christine Porath, de la Universidad de Georgetown, y el investigador Tony Schwartz aplicaron una encuesta a más de 20 mil trabajadores.[10] Descubrieron que 54% de los encuestados afirmó no recibir respeto de sus líderes con regularidad. Esa falta de respeto se tradujo en menos compromiso, más rotación, menos concentración y productividad, menos sentimientos de significado e importancia, incluso mayores costos de atención médica para la organización. De hecho, ninguna otra variable tuvo un efecto más grande en los resultados de los empleados que la demostración de respeto de los líderes hacia su gente. Parte de la razón por la que el respeto de los directivos hacia los empleados es tan importante es que es contagioso.

El respeto es un comportamiento aprendido

La investigación de Porath descubrió que la descortesía y el comportamiento grosero tienen un efecto contagioso en todos. Observar un acto irrespetuoso en la mañana baja nuestro estado de ánimo, también reduce nuestro rendimiento a lo largo del día y aumenta las probabilidades de que tengamos un comportamiento grosero hacia otra persona (ya sea de forma intencional o no).[11] Las emociones negativas surgen de las acciones negativas y se extienden por toda la comunidad (o, en nuestro caso, el equipo). La buena noticia: las emociones positivas y las acciones positivas parecen tener el mismo contagio. Esto significa que la mejor manera de construir una cultura de respeto es modelar ese respeto hacia cada miembro de tu equipo, en especial cuando te ven interactuar con los demás.

De hecho, una parte significativa de los trabajadores que Porath encuestó dijo que eran irrespetuosos porque no tenían un modelo a seguir en la organización para establecer el estándar de cómo comportarse (sólo imitaban a sus líderes irrespetuosos). Pero la razón más común para el comportamiento irrespetuoso en el lugar de trabajo es aún más impactante y, en última instancia, contraproducente. Más de 60% de los trabajadores encuestados citó la *falta de tiempo* como su principal razón para ignorar la cortesía y actuar de manera irrespetuosa. Estaban demasiado sobrecargados y *no tenían tiempo para ser amables.*

Porath señala que esto es una excusa falsa. El respeto se trata de cómo te comportas durante las interacciones que tienes de todos modos. Actuar con respeto hacia los demás no requiere tiempo adicional, sólo un poco de atención consciente en tus interacciones, lo que te ahorrará muchos dolores de cabeza en el futuro. Si piensas en las últimas interacciones que involucraron nuevas ideas, opiniones y comentarios, ¿tu reacción inmediata fue rechazar o desafiar cuando la opinión de alguien difería de la tuya? Es aceptable no estar de acuerdo, pero asegúrate de demostrar que escuchaste y entendiste el punto de vista del otro. Si quieres que alguien cambie de opinión, ofrécele más información sobre el concepto en discusión en vez de cuestionar la validez de su información. Lo último no sólo hará que sienta que no lo respetas, sino que no cambiará de opinión y se pondrá a la defensiva. Si después de recibir más información sigue sin estar de acuerdo contigo, elige la curiosidad sobre el conflicto. En vez de refutaciones, pregunta cosas que te ayuden a entender mejor su opinión y a reflexionar en ella. Estos simples intercambios mantienen abiertas las líneas de comunicación, lo que evita mayores desacuerdos en el futuro.

Recuerda estar presente y atento en las conversaciones en tiempo real. En una videollamada significa asegurarte de que tu pantalla está en la ventana superior, interactuar con los demás y hacer contacto visual tanto como sea posible. (Hablaremos más sobre la comunicación remota en otro capítulo.) En una llamada telefónica, significa no interrumpir a los demás. Sin señales visibles, es difícil saber cuándo alguien ya acabó de expresar su pensamiento y cuándo está tomando un respiro. Así que busca esa pausa prolongada o, mejor aún, espera a que te pregunte qué piensas de lo que te acaba de decir. Y cuando hables asegúrate de incorporar todo lo del párrafo anterior. Estas pequeñas acciones tienen enormes consecuencias positivas. Cuando las personas se sienten escuchadas y comprendidas, cuando se sienten respetadas, es más probable que compartan nuevas ideas con todo el equipo, sean receptivas a la retroalimentación sobre su desempeño y muestren un comportamiento respetuoso con el resto del grupo. Y en un equipo remoto, donde las conversaciones en tiempo real son mucho menos frecuentes, estas pequeñas acciones se convierten en algo grande.

Por último, y quizá lo más importante, pide retroalimentación a colegas de confianza. La naturaleza humana tiene la peculiaridad de no ver nuestros desaires más ofensivos. Entonces, antes de dirigirte a una reunión que podría calentarse, pídele a un compañero de confianza que te observe e informe cualquier cosa que se pueda malinterpretar como falta de respeto. Aún mejor, pídele que registre las veces que te comportaste muy bien, por ejemplo: cuando no interrumpiste o miraste a los ojos al escuchar a alguien. Quizá obtengas ganancias más rápidas si duplicas las cosas que haces bien, en vez de tratar de corregir todos tus comportamientos negativos.

Con el tiempo, tu énfasis en el comportamiento respetuoso se reflejará en cada uno de los miembros de tu equipo. Y si no, entonces tienes una buena razón para invitar a la persona problemática a ser grosera en un nuevo equipo (claro, de manera respetuosa).

Un entorno respetuoso combinado con un sentido de confianza entre los miembros del equipo es una base sólida para desarrollar la seguridad psicológica. Y la seguridad psicológica es la piedra angular de una cultura positiva. Si combinas eso con comprensión y expectativas compartidas más una respuesta firme a la pregunta "¿por qué estamos luchando?" irás por buen camino para crear una cultura próspera que mantenga a tu equipo productivo, comprometido y (seamos honestos) divertido de dirigir.

REGLAS PARA LÍDERES REMOTOS

La cultura de tu equipo tendrá un efecto dramático en su colaboración y desempeño general. He aquí una revisión rápida de nuestras reglas para líderes de equipos remotos cuando se trata de construir una cultura próspera:

- La seguridad psicológica es el elemento central de las culturas de equipo prósperas. La seguridad psicológica se basa en la confianza y el respeto.
- La confianza es recíproca.
- El respeto es un comportamiento aprendido.

Y si buscas herramientas que te ayuden a implementar estas reglas para construir una cultura positiva en tu equipo, puedes obtener varios recursos como plantillas, hojas de trabajo, videos y más en davidburkus.com/resources (disponibles sólo en inglés).

3

CONTRATAR COMPAÑEROS DE EQUIPO REMOTOS

Ya volviste remoto a tu equipo y construiste una cultura en torno a la seguridad psicológica. La próxima vez que haya una vacante debes tener cuidado, porque la persona que contrates definirá si tu cultura se mantiene así o no (y también influirá mucho en el desempeño del grupo). Asegúrate de elegir candidatos que no sólo tengan las habilidades para el trabajo, sino que también tengan los hábitos de colaboración, comunicación y motivación adecuados para adaptarse al equipo.

Quizá nunca has oído hablar de la empresa de software Automattic, pero es probable que hoy ya hayas usado su producto en algún momento. (A menos, claro, que estés leyendo esto a primera hora de la mañana, en cuyo caso: Buenos días. ¡Gracias por hacerme parte de tu rutina de despertar!) El producto principal de la compañía es una plataforma de blogs llamada WordPress, el cual hace funcionar a más de un tercio de todas las páginas de internet, desde pequeños blogs personales hasta publicaciones importantes como *TechCrunch, People* y *Vogue*.[1] Pero Automattic no sólo es conocida por WordPress. También por su enfoque singular de contratación.

En la actualidad, Automattic, fundada en 2005 por Matt Mullenweg y Mike Little, emplea a más de mil 200 personas en 77 países que hablan 93 idiomas.[2] La gran mayoría de esos empleados trabaja de forma remota y todos pasaron por un proceso de contratación que atrajo mucha atención al CEO Mullenweg. Los empleados de Automattic hacen audición para su puesto.[3]

En los inicios de la empresa, Mullenweg contrataba de la manera tradicional. Entrevistaba a los candidatos y los ponía en un equipo o a veces las nuevas contrataciones con potencial se reunían con un panel de empleados actuales. Pero la decepción de Mullenweg con este proceso crecía cada vez que un empleado resultaba no ser el adecuado. En una entrevista para la *Harvard Business Review*, Mullenweg dijo: "Cuando contratamos a alguien en Automattic queremos que dure décadas".[4] Pero llegó un punto donde casi un tercio de los nuevos empleados no funcionaba y dejaban la empresa poco después de ser contratados. Era obvio que el proceso tradicional de entrevistas no estaba llevando a relaciones duraderas.

Entonces Mullenweg observó a sus empleados actuales y se dio el tiempo para experimentar diferentes formas de clasificar a los que se ajustaban mejor y duraban más. Al final, parecía que las habilidades de comunicación fuertes eran la característica ganadora. Es un error pensar que una empresa remota significa que la mayoría de los empleados trabajan en silencio y se comunican sólo cuando es necesario. La comunicación y la colaboración se vuelven aún más importantes en un equipo distribuido. Y no sólo se trata de comunicar actualizaciones de estado o hacer comentarios en un documento compartido. Recibir y responder comentarios sobre su trabajo era una habilidad de primer nivel que todos en la empresa necesitaban.

Con el tiempo, Mullenweg descubrió que la mejor forma de averiguar quién se comunicaba bien y estaba abierto a recibir comentarios era dejarlos trabajar con sus futuros colegas (para probarlos). Entonces, aunque el proceso de contratación de Automattic empieza de manera normal, pronto se transforma en algo poco convencional. Se revisa el currículum de los candidatos y los que parecen calificados se someten a una entrevista de primera ronda. Pero luego, si parecen una buena combinación, los meten a un equipo de proyecto y los ponen a trabajar.

Los colocan en equipos reales y trabajan en proyectos reales. Les dan los permisos, los inicios de sesión y las autorizaciones de seguridad necesarias para hacer un verdadero trabajo. Los candidatos a ingeniería empiezan a escribir un código que puede terminar en el producto final. Los candidatos a diseño trabajan en diseños reales para los numerosos productos de la empresa. Los candidatos de servicio de atención al cliente responden a solicitudes reales de clientes con problemas.

Como es una empresa remota, estos candidatos trabajan a distancia todo el tiempo (lo cual es muy positivo porque muchos hacen sus horas de prueba antes o después del empleo actual que esperan dejar pronto). A todos los candidatos les pagan un sueldo estándar por hora y justo en relación con el mercado. No se trata de conseguir mano de obra gratis; se trata de evaluar a la persona mientras trabaja.

La duración de la prueba varía según el candidato, el proyecto y el equipo. No intentan juzgar la calidad del producto terminado (sería injusto imponer a los aspirantes el estándar de desempeño de los empleados actuales). Más bien la prueba dura el tiempo necesario para que el candidato tenga una idea precisa de la empresa y la empresa tenga una idea precisa de cómo es trabajar con el candidato. "Quizá la prueba no es la verdadera actividad que hará la persona cuando la contratemos, pero estamos analizando muchas cosas además de su trabajo", explicó Mullenweg.

Al final de la audición se recopilan comentarios de quienes trabajaron con el candidato. Si esa retroalimentación es positiva y la persona parece encajar, le hacen una oferta. Durante mucho tiempo, Mullenweg se tomó el tiempo de entrevistar a cada uno de los candidatos aprobados, aunque reconoció que lo más importante era saber qué tan bien habían trabajado con el equipo. Pero todavía quería conocer al candidato y estar seguro de que podrían comunicarse bien con *él*, por lo que la entrevista final era en una sala de chat en línea (ya que gran parte de su comunicación cuando se convierta en Automattician será a través de texto).

A primera vista, la contratación por prueba parece novedosa e inusual. Pero las audiciones existen de diferentes formas desde mucho tiempo. ¿Qué es una pasantía sino una oportunidad de ofrecer a los futuros candidatos a un puesto de trabajo una prueba con la empresa y ver si encajan? Las audiciones son una inversión (es mucho más fácil realizar algunas entrevistas en video y enviar una carta de oferta por correo electrónico), pero las ganancias valen la pena. Poco después de empezar a hacer estas pruebas, el porcentaje de personas que terminaban no funcionando bajó 2%. Mullenweg dijo que en Automattic "se considera un honor formar parte del grupo de contratación. Todos en la empresa reconocen que una de las decisiones más importantes que pueden tomar es a quién incorporar al equipo".

En esencia, las audiciones brindan a los equipos la oportunidad de encontrar respuestas a las tres preguntas que necesitan saber sobre los posibles compañeros de equipo remotos:

- ¿Son colaboradores?
- ¿Son comunicativos?
- ¿Están automotivados?

Ya sea que tu proceso de contratación implique pruebas o se vea muy diferente, estas tres preguntas deben estar en el primer plano de tu mente cada vez que consideres agregar a alguien nuevo al equipo.

¿Son colaboradores?

Durante los últimos 100 años, a medida que pasamos del trabajo industrial al del conocimiento, mucha gente asumió que la colaboración sería menos importante. Después de todo, en una fábrica los trabajadores utilizan los medios de producción juntos. En una oficina o en un equipo remoto los medios de producción están entre los oídos de cada empleado, por lo que resulta tentador suponer que este tipo de labor se presta para trabajar de forma aislada. Pero cuando se trata de trabajo remoto la realidad es que la colaboración se vuelve aún más vital para el éxito de la persona y de la organización.

Durante mucho tiempo asumimos que el desempeño individual es el resultado del conocimiento, las habilidades y las capacidades de una persona. Pero cuanto más investigamos, más aprendemos que no es tan simple. La colaboración y la dinámica de equipo tienen un impacto significativo en el desempeño individual. La evidencia más notable de esto es un estudio de analistas de inversiones dirigido por el profesor Boris Groysberg de la Escuela de Negocios de Harvard. Los analistas de inversiones estudian una industria (incluso a veces sólo un grupo de empresas) para generar informes que usarán los inversionistas para tomar decisiones en sus carteras.

Groysberg observó la competencia feroz que hacían los bancos de inversión por los mejores analistas (en algunos casos les ofrecían sueldos de siete cifras y bonificaciones de seis cifras a los analistas calificados como los más talentosos por los mismos inversores que confían en sus informes). Por lógica, analizar datos y crear esos informes es una tarea bastante solitaria. Requiere conocimiento previo y capacidad para detectar tendencias… y no debe necesitar mucho más. Entonces Groysberg y su equipo empezaron a rastrear qué pasaba cuando los analistas estrella tomaban esas lucrativas ofertas de trabajo y cambiaban de una empresa a otra. En total, los investigadores recopilaron nueve años de datos sobre más de mil analistas reconocidos en la principal publicación comercial de la industria: *Institutional Investor.* En especial, se enfocaron en los que habían cambiado de trabajo después de ser elogiados.

Lo que encontraron fue sorprendente. Cuando los analistas eran reconocidos como los más talentosos entre sus pares y ese reconocimiento llevaba a una oferta de trabajo y un cambio de empresa, su talento no parecía migrar con ellos. Más bien su desempeño disminuía. En promedio, los que cambiaron de trabajo bajaron su desempeño 20% (y en la mayoría de los casos ese nivel se mantuvo incluso después de cinco años trabajando para la nueva compañía). Además, cuando esos analistas cambiaron de equipo redujeron el desempeño de su *nuevo* equipo.

Pero Groysberg y sus investigadores encontraron un tipo de cambio de trabajo que no produjo efectos tan negativos en el desempeño. Éste fue la clave para comprender por qué el trabajo en equipo y la colaboración son tan importantes: el *lift-out*. Se trata de un término de la industria que se usa cuando una empresa no sólo contrata a un analista, sino a todo su equipo. Cuando equipos enteros cambiaron de firma, no sufrieron ninguna de las disminuciones en el rendimiento observadas por los que cambiaron de forma individual. Groysberg, al revisar el movimiento de los miembros en los equipos que estudió, estimó que hasta 60% del desempeño individual en realidad era resultado de los recursos que una empresa proporciona y el equipo en el que se coloca a una persona.

El talento fluye de los equipos

Si quieres obtener lo mejor de la gente, asegúrate de que trabaje muy bien con el equipo al que se unirá. Por eso Mullenweg y Automattic usan las audiciones, y tú debes crear un sistema para probar la colaboración de los candidatos al puesto. Si no puedes hacer audiciones, al menos incorpora a la mayor cantidad de miembros del equipo actual al proceso de entrevista. En especial en un equipo remoto, esta nueva contratación no trabajará *para ti* como un empleado que recibe órdenes directas, sino *contigo* como un compañero de equipo que labora de forma independiente para alcanzar objetivos beneficiosos para los dos. Por lo tanto, tiene sentido dejar que aquellos que trabajarán con las nuevas contrataciones decidan a quién contratar.

He aquí algunas preguntas que puedes agregar a tus entrevistas para tener una idea de cómo serían los candidatos en un equipo:

- ¿Cómo es tu equipo ideal? ¿Con qué frecuencia interactúan las personas y cómo se tratan entre sí?
- ¿En qué tipo de cultura crees que haces tu mejor trabajo?
- ¿Cómo fue trabajar en tu último equipo?
- ¿Alguna vez has estado en un equipo que no funcionó bien? ¿Cómo fue?

Compara las respuestas entre todos los candidatos al puesto y los miembros de tu equipo actual. Al hacerlo obtendrás un poco de información para visualizar cómo trabajaría cada candidato en el equipo.

¿Son comunicativos?

Junto a la colaboración, la comunicación es el factor más influyente en el éxito o fracaso de tu equipo y tu nuevo empleado. Esto fue cierto en el mundo del trabajo presencial y lo es aún más en el trabajo remoto. En 2017 Christoph Riedl y Anita Williams Woolley examinaron los factores que explicaban el éxito o fracaso de los equipos que laboraban a distancia.[5] En un estudio controlado, reclutaron a 260 trabajadores de software de 50 países y los pusieron en 52 equipos de cinco personas de manera aleatoria. A cada equipo le dieron la misma tarea: desarrollar un algoritmo de aprendizaje que recomendara el contenido ideal de un botiquín médico para un vuelo espacial.

Para inspirar un mayor desempeño, ofrecieron a la mitad de los equipos premios en efectivo por hacer una tarea de mejor calidad. Y aunque el dinero motivó a muchos grupos a trabajar más duro, no tuvo ningún efecto en la calidad general de su producto final. Más bien ésta se debió a un solo factor. Lo adivinaste: comunicación.

El hecho de que los equipos desarrollaran o no un ritmo de comunicación que permitiera maximizar la colaboración y el tiempo de concentración en solitario fue el factor clave que afectó la probabilidad de producir un trabajo de mejor calidad. Para ser más específicos, los equipos que obtuvieron mejores resultados desarrollaron lo que Riedl y Woolley llamaron *comunicación ráfaga*. La definieron como ráfagas de conversación sincrónica (cuando importaba) y asincrónica (que permitía tiempo para concentrarse después). Saber cuándo usarlas parecía ser crucial para un gran rendimiento.

Cubriremos más evidencia y mejores prácticas para la comunicación en los siguientes capítulos. Por ahora necesitamos saber qué tan capaces son los candidatos para mantener la comunicación a larga distancia y qué tanto coinciden sus preferencias de comunicación con los métodos de nuestro equipo. Por eso se prefieren las entrevistas por videollamada en vez de en persona y hace aún más sólido el argumento de Mullenweg a favor de las entrevistas en salas de chat. Si 90% de tu comunicación será por mensajes, entonces ése es un entorno más relevante que una entrevista en video. Si estás haciendo entrevistas por videollamada, considera pasarles algunas preguntas y pedirles que graben las respuestas en videos cortos. Eso no sólo facilita la evaluación entre los candidatos, sino que muestra qué tan bien comunican ideas de forma breve (y qué tan buenos son para seguir instrucciones).

En muchos casos eso también significa que uno de los vestigios de la vieja escuela de la vida corporativa (anterior a la tecnología) tiene una nueva relevancia para el trabajo remoto. Sí, traemos de vuelta la carta de presentación.

Las cartas de presentación solían ser un elemento vital de la solicitud de empleo. Cuando enviabas un currículum basado en una descripción vaga de un empleo encontrado en el periódico, era tu única oportunidad para que la secretaria supiera dónde archivarlo y el gerente de contratación supiera por qué deberían leerlo con detenimiento. Pero en una era de aplicaciones en línea donde se descargan los currículums (y por lo tanto se ordenan y almacenan de forma permanente), la carta de presentación dejó de usarse en muchas organizaciones (y se mantuvo en otras que se movían con más lentitud). Pero ahora la carta de presentación ofrece uno de los mejores vistazos a la capacidad de comunicación de los candidatos para equipos remotos.

Revisar con atención la carta de presentación te ayuda a decidir si los candidatos son buenos escritores y si logran formular un argumento (el de por qué son el candidato adecuado). Se trata de qué tan bien se muestran y qué tan fácil es comprender su línea de pensamiento. La carta de presentación es la primera vez que se les pide hacer algo para ti y tu equipo.

No se trata tanto de su dominio del idioma ni de su capacidad para consultar un diccionario de sinónimos (no importa qué tan correcto es su lenguaje de forma gramatical), sino de leer qué tan bien encaja en tu colectivo actual. Si tu grupo usa más emoticones que adverbios, entonces tu candidato ideal no será el que tenga una maestría en Literatura (a menos, claro, que su tesis fuera sobre los emoticones en el uso diario). Con ese fin, he aquí algunas preguntas para evaluar qué tan bien se ajusta la preferencia de comunicación de un candidato al estilo de tu equipo:

- ¿Cómo te gustaría mantenerte en contacto con los miembros del equipo?
- ¿Qué tipo de comunicación prefieres?
- Háblame de un momento en el que un colega te malinterpretó por completo. ¿Cómo lo resolviste?
- En tu último trabajo, ¿con qué frecuencia te acercaste de manera proactiva a los miembros del equipo o a tu gerente?

Recuerda que el objetivo no es encontrar al candidato con las mejores respuestas. La meta es encontrar al candidato cuyas preferencias de comunicación coincidan con las de tu equipo. (A menos, claro, que no funcione la forma en que se comunica tu equipo, lo cual arreglaremos en el capítulo 5.)

¿Están automotivados?

Los dos primeros factores a considerar en un candidato remoto tienen que ver con qué tan bien trabaja con su nuevo equipo potencial. Pero gran parte del trabajo a distancia se realiza solo, por lo que la capacidad de motivarse a sí mismo sigue siendo muy importante. ¿Recuerdas el estudio de Nicholas Bloom y Ctrip que examinamos en la introducción? Hay una parte del estudio que no hemos mencionado.

Tras nueve meses de prueba trabajando desde casa, en los que encontraron que los trabajadores remotos superaron a sus contrapartes presenciales, Ctrip decidió implementar una política de trabajo a distancia.[6] Sólo que en vez de asignar a los empleados de forma aleatoria los dejaron elegir si querían estar en la oficina o en casa. Muchos de los trabajadores remotos optaron por volver al entorno de la oficina. Y muchos de los trabajadores presenciales optaron por trabajar de forma remota. Y la productividad subió aún más.

Resultó que el trabajo remoto hacía que los empleados fueran más productivos sólo cuando de verdad *querían* laborar desde casa. Si probaron el estilo de vida del trabajo a distancia y les resultó demasiado difícil automotivarse, volvieron a la oficina y eran más productivos. Y del mismo modo, si temían laborar en la oficina y sentían que estaban motivados lo suficiente como para trabajar de forma remota, mudarse a casa también los hacía más productivos. Los resultados del estudio parecen bastante básicos, pero subrayan un punto sobre la contratación que se pasa por alto para cualquier tipo de trabajo remoto: qué tan bien pueden trabajar las personas sin que las vigilen tiene un efecto masivo en qué tan bien se desempeñarán sin ser vigiladas.

Lo sé. Suena como la frase menos asombrosa que jamás hayas leído. Pero por desgracia muchos de los procesos de contratación para equipos presenciales no examinan la automotivación, por lo que funcionarán aún peor para equipos remotos. A menudo, cuando surge el tema de la motivación, se trata de un genérico ¿qué te motiva? Esta pregunta está diseñada para determinar si la estructura de bonificación existente se ajusta a este nuevo candidato. (Y rara vez se revisa si esa estructura de bonificación es adecuada para nuestros empleados actuales, pero eso podría ser tema para otro libro.) En su lugar debemos examinar si los candidatos tienen experiencia haciendo un gran esfuerzo sin ninguna influencia externa.

Una forma excelente de saber si un candidato está motivado lo suficiente para trabajar de forma remota es examinar cuánto lo ha hecho en el pasado. Si ya estuvo en equipos y prosperó es una fuerte indicación de que puede motivarse para ponerse a trabajar. Pero si no, hay otras pistas. ¿Alguna vez ha trabajado como *freelance* o ha tenido su propio negocio? Incluso si al final fracasaron en esos esfuerzos (lo cual es bastante obvio porque ahora están buscando un nuevo empleo), las razones son muy variables y quizá no tienen relación con la ética laboral. Pero la experiencia de hacer ese tipo de trabajo quizá les enseñó cómo ponerse a trabajar cuando nadie los está vigilando.

Si nunca han trabajado de forma remota o independiente, entonces vale la pena examinar otros aspectos de su vida que se basan en la automotivación. ¿Qué aficiones tienen? ¿Las realizan con más frecuencia en grupos o solos? ¿Qué nuevas habilidades han desarrollado? ¿Y cuánto tiempo llevan aguantando el difícil trabajo de practicarlas? No busques respuestas de una palabra. Más bien escucha las historias sobre sus experiencias pasadas y encuentra pistas sobre cómo se levantan y trabajan cuando nadie está allí para alentarlos.

Con ese fin, he aquí algunas preguntas para tu entrevista para examinar qué tan fuerte es su automotivación y si será suficiente o no para prosperar en un equipo remoto:

- ¿Cómo organizas tus tareas diarias?
- ¿Cómo te mantienes motivado cuando trabajas solo?
- Cuéntame sobre un proyecto que asumiste por tu cuenta. ¿Cómo te fue?
- ¿Cómo le haces para limitar las distracciones que te rodean cuando trabajas?

No es suficiente saber que quieren trabajar en un equipo remoto. Muchas personas que piensan que el estilo de vida del trabajo remoto es atractivo se centran demasiado en la palabra *remoto* y no lo suficiente en la palabra *trabajo*. El objetivo de estas preguntas es evaluar qué tan bien funcionarán cuando no estén en contacto regular con el equipo. Buscamos averiguar qué tanto pueden motivarse para ponerse a trabajar sin que un gerente los mire por encima del hombro. (Y no deberías mirar por encima del hombro de forma remota.)

Evita los acertijos

Una cosa más cuando se trata de contratar personal. Quizá ya notaste algo que *no aparece* en la lista de preguntas: acertijos. En algún momento a mediados de la década de 1990 se desarrolló esta extraña tendencia de hacer acertijos o adivinanzas durante las entrevistas de trabajo. A los candidatos les preguntaban cosas como:

- ¿Por qué las tapas de las alcantarillas son redondas? (Para que no caigan por el agujero.)
- ¿Cuántos afinadores de pianos hay en Chicago? (Ochenta y tres, según el directorio, pero se supone que no debes buscarlo. Sólo adivinar.)

Incluso estos acertijos se compilaron en un libro a principios de la década de los 2000, titulado *How Would You Move Mount Fuji?* (¿Cómo moverías el monte Fuji?) Se suponía que enseñaría a los gerentes de contratación cómo incorporar estos acertijos, pero en su mayoría sólo les dio las respuestas a los candidatos.

La intención inicial detrás de este tipo de preguntas era noble: echar un vistazo dentro del proceso de pensamiento de un posible candidato (o al menos saber que tenía un proceso de pensamiento). Pero investigaciones recientes sugieren que es inútil para distinguir entre los aspirantes. De hecho, un estudio de 2008 de más de 700 participantes mostró que lo único que estos acertijos revelan es el nivel de narcisismo y sadismo en el gerente de contratación que hace las preguntas.

Así que, de una vez por todas, elimina los acertijos. Y si todavía tienes ganas de hacerlos, deja que otra persona haga la contratación.

Incorporación de tu nuevo empleado

Antes de cerrar este capítulo echemos un rápido vistazo a la incorporación. Cuando ya tomaste tu decisión, ¿cómo incorporas al nuevo miembro del equipo si no puedes darle la bienvenida de forma física? Si bien la incorporación tiende a ser un proceso impulsado por recursos humanos y el área legal, muchas investigaciones recientes sugieren que estos elementos en realidad son la parte menos importante del éxito de un nuevo miembro del equipo.

En un estudio de nuevas contrataciones dirigido por Keith Rollag, de Babson College, se descubrió que el método de recopilar gran cantidad de información (utilizado por la mayoría de las empresas para incorporar a sus empleados) era mucho menos predictivo del éxito de una nueva contratación que de lo bien que esa persona establecía conexiones rápidas con un gran número de colegas de distintos departamentos. Lo anterior no quiere decir que esas cosas no sean importantes. En la mayoría de los casos son obligatorias. Pero como explicaron Rollag y sus colegas: "Nuestro estudio encontró que la documentación y la capacitación nunca fueron los factores diferenciadores" en el éxito de un empleado.

Así que PRIORIZA LA CONEXIÓN SOBRE LA DOCUMENTACIÓN. Tienes que hacer el papeleo. Pero no es necesario hacerlo a costa de construir una conexión entre el nuevo miembro del equipo y tú (o el resto del equipo). Programa una videollamada de bienvenida para que todo el grupo conozca y salude a su nuevo colega. Si la comunicación sincrónica no es una opción, haz que cada miembro escriba y envíe una breve nota de bienvenida y una razón por la que están emocionados de ver a tu nueva contratación unirse al equipo. También puede ser un correo electrónico (pero una serie de videos sería aún mejor). Si seguiste el proceso anterior, muchos ya conocieron al novato durante el proceso de entrevista. Así que pídeles que compartan lo que les llamó la atención. Incluso puedes asignar a los nuevos miembros del equipo una tarea corta que los obligue a conocer a cada uno de sus compañeros a lo largo del día.

Priorizar la conexión sobre la documentación también significa asegurarte de que tu nuevo empleado obtenga los recursos y la tecnología necesarios para un comienzo rápido. Es decir, asegúrate de que le envíen lo necesario (nombres de usuario, contraseñas, etc.) antes de la fecha de inicio oficial. Si las políticas de tu empresa requieren que eso suceda después de la fecha de inicio, de todos modos puedes preparar una lista de verificación de pasos para configurarlas de forma correcta. Mejor aún, asigna a otro miembro del equipo contratado hace poco para que lo guíe a través del proceso. Muchas veces novatos que ayudan a novatos es lo mejor en este caso, ya que no sólo están más familiarizados con el proceso de configuración, sino que también recuerdan qué se siente ser el nuevo.

Y si puedes, agrega un componente en vivo al proceso (es un gran toque para una nueva incorporación a un equipo remoto). Haz un plan para estar allí, recibir y trabajar junto a tu nuevo empleado en persona. O alinea su fecha de inicio con una reunión presencial. Ambas son formas notables de unirse al equipo. Pero si eso es imposible, considera enviar un paquete de ayuda. Podría estar lleno de artículos de la empresa o, mejor aún, elementos significativos seleccionados por cada miembro del equipo.

Por último, asegúrate de que el día empiece y termine en privado contigo. En vez de expresar sus preocupaciones, la mayoría de los empleados nuevos autocensura sus preguntas durante las primeras semanas (para evitar verse como el novato despistado ante su nuevo equipo). Como líder, la carga recae en ti para asegurarte de que se aborden sus inquietudes y, lo más importante, que sepa que puede expresar con libertad cualquier duda. Llámalo al final de su primer día y pregúntale cómo le fue y cómo planea celebrar el trabajo terminado. En esa misma línea, haz un plan para reunirte con los empleados nuevos al final del primer mes y el primer trimestre para verificar qué tan positiva o negativa ha sido su experiencia de incorporación. Sus comentarios serán vitales para mejorar el proceso de futuras contrataciones.

Fred Steckler, director administrativo de la Oficina de Patentes y Marcas de Estados Unidos (quien gestiona un número sorprendente de empleados remotos), lo dijo mejor: "En el primer día de trabajo todos están comprometidos; el trabajo del gerente es no estropear eso".[7]

Uno de los aspectos más cruciales de dirigir un equipo remoto próspero es quién dejas que entre a dicho grupo. Y sabemos por una cantidad de investigación creciente que sólo buscar talentos estrella no es tan exitoso a menos que también encajen de forma perfecta con tu colectivo. Por lo tanto, pon especial atención durante el proceso de contratación a las habilidades y el historial de cada candidato con la colaboración, la comunicación y la automotivación. Y recuerda: el trabajo remoto hace que el trabajo en equipo sea más importante, no menos. Las personas que trabajan con nuevos empleados tendrán el mayor efecto en su desempeño. Así que también dales voz sobre a quién contratar.

REGLAS PARA LÍDERES REMOTOS

Hay mucho que considerar cuando buscas nuevos compañeros de equipo remotos. He aquí una revisión rápida de nuestras reglas a tener en cuenta:

- Para asegurarte de que los nuevos talentos prosperen en tu equipo, pregunta lo siguiente:
    - ¿Son colaboradores?
    - ¿Son comunicativos?
    - ¿Están automotivados?
- Evita los acertijos.
- Cuando se incorporen, prioriza la conexión sobre la documentación.

Y si buscas herramientas que te ayuden a implementar estas reglas para la contratación y la incorporación de tu equipo, puedes obtener varios recursos como plantillas, hojas de trabajo, videos y más en davidburkus.com/resources (disponibles sólo en inglés).

4

CONSTRUIR VÍNCULOS A DISTANCIA

Quizá la idea de trabajar en un equipo remoto parece solitaria. Los compañeros de equipo presenciales se ven obligados a interactuar y, por lo tanto, a establecer conexiones con el resto de su grupo. En un equipo remoto, esas interacciones orgánicas se deben reemplazar por actividades deliberadas. Si se hacen bien, pueden construir vínculos muy profundos.

La compañía de redes sociales Buffer hace muchas cosas de manera diferente. De verdad son transparentes, es decir, la información financiera de su empresa (incluyendo el sueldo de cada empleado) está disponible para todos, mientras que la mayoría de las empresas guardan el secreto. También son remotos por completo, mientras que la mayoría de las empresas sólo experimentan con el trabajo remoto (o se les impone). Pero aunque hay muchas cosas diferentes en la empresa, cuando se trata de construir la cultura y los vínculos entre los compañeros de equipo hay un elemento que Buffer no contradice: las reuniones son importantes.

"Aunque no cambiaríamos el valor de ser un equipo distribuido, es difícil negar el valor del tiempo presencial para la moral del grupo y las conexiones fortuitas", dijo Stephanie Lee, gerente de experiencia del equipo de Buffer.[1] El trabajo de Lee es planear el retiro anual de la empresa, la cumbre de productos y apoyar a cada equipo en la planeación de su reunión anual.

En la primavera de cada año más de 80 *Bufferoos* se reúnen durante una semana para conectarse como empresa y discutir temas de alto nivel como visión y estrategia. En los inicios estos retiros sólo se hacían en las oficinas de la compañía que se usaban con poca frecuencia en San Francisco, pero cuando la empresa se distribuyó por completo, sus lugares de retiro también empezaron a moverse por todo el mundo. "Tratamos de alternar entre una ubicación en América del Norte, una en Europa y una en la región de Asia y el Pacífico", dijo Carolyn Kopprasch, jefa de proyectos especiales de Buffer.[2]

Si bien la agenda de estos retiros se centra en asuntos de alto nivel, también se aseguran de tener tiempo suficiente para las reuniones de equipo y los eventos de vinculación. Y durante ese tiempo presencial y sin planear se construyen más los lazos. El retiro dura de lunes a viernes. El jueves siempre es día libre y las personas reciben un bono llamado Buffer Fun Fund para explorar los alrededores y disfrutar de actividades juntos, desde visitas al spa hasta paracaidismo. Cada viernes finaliza con una sesión de agradecimiento, donde toda la empresa se turna para pasar el micrófono y darle a cualquier empleado la oportunidad de expresar su agradecimiento a un equipo o elemento de la empresa.

Además del retiro anual, Buffer también financia una reunión más pequeña para cada equipo. Esto les da un periodo de trabajo presencial que les ayuda a comprender mejor cómo se comunica cada compañero de equipo y facilita la coordinación del trabajo durante el resto del año. "En una empresa donde todos trabajan en el mismo lugar, esto se llamaría reunión *off-site* —explicó Lee—. Para nosotros, todos los días son *off-site*, así que a estas reuniones especiales les decimos *in situ*." Las reuniones *in situ* también duran una semana, pero en lugar de centrarse en problemas a nivel de la empresa, dan rienda suelta a los líderes para elegir sus objetivos de la semana. Algunos equipos se enfocan en el establecimiento de objetivos o la estrategia, mientras que otros ejecutan *hackatones* en los que se enfocan de manera específica en mejorar algún producto o característica de un producto. Estas *in situ* no son obligatorias, pero la mayoría de los equipos aprovechan la oportunidad y la programan alrededor de seis meses después del retiro anual, para maximizar el efecto de unión de las reuniones en persona.

Aunque es posible establecer conexiones de forma remota, muchos equipos a distancia descubrieron que aceleran sus ganancias si toman un poco del dinero que se ahorra por espacio de oficina y lo reasignan para compartir espacio físico durante una semana o dos cada año.

Sin una estrategia deliberada para unir física y emocionalmente a un equipo remoto, el trabajo a distancia es mucho más agotador de lo que debería ser. La soledad es una de las emociones que más reportan las personas que trabajan desde cualquier lugar. Y si no se mantiene bajo control, tiene un efecto negativo significativo sobre cada miembro del equipo.

Si revisas las investigaciones, verás que se descubrió que la soledad en el trabajo reduce el desempeño de las tareas, limita el pensamiento creativo y perjudica el razonamiento y la toma de decisiones.[3] Quizá por eso los investigadores de la organización Gallup encontraron que aquellos con fuertes conexiones sociales en el trabajo estaban más comprometidos, producían un trabajo de mayor calidad y se enfermaban con menos frecuencia.[4] Fuera del mundo laboral, los efectos son aún peores. En un metaanálisis de 2010 se descubrió que experimentar soledad y tener conexiones sociales débiles reduce la esperanza de vida de forma equivalente a fumar 15 cigarrillos al día o tomar más de seis vasos de bebidas alcohólicas diarias.[5]

Es claro que importa mucho la construcción de vínculos entre compañeros de grupo. Pero construir lazos en un equipo virtual es uno de los trabajos más difíciles que realizan los líderes remotos. Por suerte existen algunas acciones prácticas basadas en evidencia que puedes usar para fortalecer las conexiones y disminuir la soledad en tu equipo.

En un estudio de trabajadores remotos los investigadores encontraron que la naturaleza distante de los equipos se ve con mayor frecuencia como una barrera para desarrollar amistades con compañeros de grupo.[6] Los investigadores, dirigidos por la profesora de Administración Beth Schinoff, realizaron más de 100 entrevistas con empleados de una empresa de tecnología global durante un periodo de 18 meses, incluso observaron una *reunión* en la vida real de esos mismos empleados. Si bien la lejanía era una barrera, los miembros del equipo remoto encontraron formas de sortearla y desarrollaron no sólo relaciones laborales positivas, sino también amistades.

El primer paso fue generar lo que los investigadores llamaron *cadencia*. Entre los miembros del equipo la definen como comprender quién es la otra persona y predecir cómo interactuará con ellos.[7] La cadencia ayuda a los miembros del equipo remoto a coordinar cuándo y cómo colaborar. Se desarrolla más fácil en equipos presenciales, en parte porque suelen trabajar las mismas horas. Es fácil desarrollar la cadencia con alguien cuando sólo tienes que mirar por encima de la pared de tu cubículo y comenzar una conversación cara a cara rica en información.

Los investigadores encontraron que la cadencia relacionada con el trabajo prepara el escenario para formar vínculos no laborales. Los trabajadores remotos con cadencia eran más propensos a hablar sobre temas no laborales, conectarse a las redes sociales o buscar apoyo después de un revés personal. Como líder de tu equipo remoto, estás en la mejor posición para ayudar a tus compañeros y empleados a desarrollar cadencia entre ellos y crear lazos con el tiempo. Hacerlo es vital para la salud y la felicidad de tu gente y de la empresa. En este capítulo veremos formas (probadas y verdaderas) de construir una conexión virtual y profundizaremos en las reuniones *in situ* que funcionan tan bien para Buffer y son un gran ejercicio para cualquier equipo remoto.

Prepara a tu equipo para construir vínculos

Ya mencionamos algunos consejos que ayudarán a tu equipo a desarrollar la cadencia a través de una comprensión compartida de la situación única de todos. Pero para ir más allá y empezar a construir vínculos debes establecer un tiempo (no estructurado de forma intencional) para que tu gente platique del trabajo y de la vida. Esto parece un gran desafío, pero en realidad hay formas muy simples y económicas de lograrlo. He aquí algunas para probar.

Encuentra tiempo para el fika. La tradición sueca, que se traduce como "tomar un café", es mucho más que sólo beber una bebida caliente. *Fika* es un encuentro ritual entre dos personas que se dan un descanso del trabajo y socializan. El café sólo es la excusa para conectar. Muchas empresas remotas han probado *fikas* virtuales y descubrieron que son una herramienta vital para establecer conexiones.[8] En la versión digital, dos personas tienen un breve descanso y conversan sobre temas no laborales. Funciona mejor cuando los pares son aleatorios, pero puedes dejar que las personas se seleccionen entre sí (y al mismo tiempo animar a todos a conectar con los que no conversan mucho). Asegúrate de que los *fikas* se programen durante las horas de trabajo para que nadie sienta que se entrometen con su tiempo libre. Si de verdad quieres alentar el *fika*, en la próxima llamada de equipo pídeles que compartan qué aprendieron. No hay una agenda establecida para el *fika*, pero ayuda iniciar la conversación con preguntas. Algunas de mis favoritas son:

- ¿Cuál fue tu primer trabajo?
- ¿Cuál es tu lugar favorito para vacacionar?
- ¿Quién es tu superhéroe preferido? ¿Por qué?
- Si pudieras dar una clase ¿de qué sería?

Con estas preguntas no profundizas en la vida del otro. Sólo quieres que se rompa el hielo, que los compañeros de equipo aprendan un poco unos de otros y que estén ansiosos por el próximo *fika*.

Planea comidas compartidas o acompañadas. Como el *fika* pero para todo el equipo. Cuando los equipos presenciales descansan para almorzar u otras comidas, se vinculan a través de una actividad que los humanos han compartido durante milenios. Un estudio de 2017 de Robin Dunbar (uno de los principales investigadores del mundo sobre comunidades y creación de vínculos) encontró que las personas que comen de manera social son más felices, están más comprometidas con la comunidad y tienen más amigos.[9] Y un estudio de 2018 mostró que los empresarios que hacen comidas comunales (tradicionales en las culturas china e india; menos tradicionales en Occidente; *estilo familiar*) colaboran mejor y llegan a acuerdos más rápido.[10] Quizá no organizarás una comida normal y compartida en una gran mesa circular con todo tu equipo, pero puedes agregar comidas virtuales al calendario de todos. El mejor ejemplo que vi fue en la empresa Lawyerist: hacen martes de tacos. Los miembros del equipo se unen a una videollamada para compartir el almuerzo juntos. Simulando la comida comunitaria, cada uno pide tacos en su restaurante local favorito. Unirse es opcional, pero la empresa invita a todos los que asisten y muestran sus tacos.

Compañeros de equipo asociados para sprints de trabajo. Si bien algunas personas prosperan trabajando aisladas, otras necesitan sentir que no están solas. Unirse para hacer *sprints* laborales permite un equilibrio entre las dos opciones. En un *sprint* de trabajo, dos (o más) personas se registran en una videoconferencia y, después de intercambiar algunos saludos, se concentran en el trabajo. Su video permanece encendido, pero la aplicación se va hasta atrás de las ventanas de todos mientras se concentran y trabajan en silencio. Los descansos se programan en un punto designado, pero no son obligatorios. Esto no sólo brinda una pequeña oportunidad para conectarse y participar, sino que décadas de investigación demuestran que las personas se motivan más (en diversas formas) cuando otras están mirando. Los estudios muestran que los humanos corren más rápido, son más creativos y se esfuerzan más en los problemas matemáticos cuando saben que otros los observan.[11] Incluso un par de ojos de aspecto espeluznante para indicar que su pantalla estaba siendo monitoreada llevó a la gente a pensar que había trabajado más duro. Pero no recomiendo instalar ningún tipo de software espía. El truco no es señalar a los empleados que el Gran Hermano siempre está mirando, sino invitarlos a encontrar un compañero en el equipo que les ayude a ser responsables y viceversa. Usé esta técnica para escribir este libro y me inscribí en una llamada permanente de Zoom con dos amigos autores. Escribíamos en *sprints* de 25 minutos, charlábamos cinco y luego lo repetíamos. De hecho, no estoy seguro de que estarías leyendo esto sin esas dos caras en la esquina superior derecha de mi computadora, que me motivaban a seguir adelante. Y hay otro gran efecto secundario. Cuando intentas trabajar de forma aislada quizá los miembros de la familia no respeten tus límites. Pero si creen que estás en una conferencia telefónica es mucho más probable que te dejen en paz. (No les digas a mis hijos.)

MANTÉN EL HORARIO DE OFICINA Y ANIMA A LOS DEMÁS A HACER LO MISMO. Si técnicas como el *fika* o los *sprints* de trabajo se sienten demasiado estructuradas o poco auténticas, anima a tu equipo a establecer horarios de oficina regulares para charlas relacionadas o no con el trabajo. Organízalas como una videollamada abierta para que la gente entre o un bloque de tiempo en el calendario para que cualquiera pueda unirse. Durante casi una década fui profesor de tiempo completo en la escuela de negocios y, a diferencia de muchos de mis compañeros, descubrí que las horas de oficina eran una de las reuniones más efectivas en las que participaba (de hecho, descubrí que era la única reunión efectiva en la que participaba). Todos los profesores publicaban un horario regular de las horas disponibles para preguntas en su oficina. Pero con frecuencia una pequeña pregunta sobre el curso se convertía en una discusión mucho más amplia sobre la escuela, la vida, los planes de carrera futura y una serie de otros temas que profundizaban la relación profesor-alumno. Y si no aparecía nadie, tenía un buen tiempo para limpiar la bandeja de entrada de mi correo electrónico.

Búsqueda del tesoro en la oficina anfitriona. Ya vimos cómo el recorrido virtual por el espacio de trabajo ayuda a generar expectativas compartidas. Las búsquedas del tesoro en la oficina llevan ese concepto un paso más adelante y se pueden organizar de forma regular (en vez de hacerlas sólo cuando se une un nuevo compañero o alguien cambia de ubicación). En esta versión, se les pide a los colegas que observen a su alrededor y tomen algo que sea significativo de forma personal. Ya que todos regresan, por turnos, cada miembro muestra y explicar su objeto. Mi versión favorita de esto se lleva a cabo con tres elementos: algo que te haga productivo, algo que te enorgullezca y algo que te haga reír. Terminas compartiendo consejos sobre cómo hacer el trabajo, pero también echas un vistazo a las personalidades al otro lado de todos esos pixeles.

Crea rituales de equipo. No hablo de caminar sobre el fuego, misiones complicadas o un nuevo reto de cubeta de agua helada. Sino de una acción o actividad específica y regular única para tu grupo. Desde que los humanos formaron tribus, usaron rituales para unirse. La mayoría de los equipos de alto rendimiento se involucra con regularidad en rituales compartidos porque crean un sentido de identidad grupal y generan confianza. Tu equipo también debería hacerlo. Pueden ser rituales muy significativos (un grupo que admiro desarrolló un conjunto de pulseras con los valores fundamentales para que, antes de cualquier reunión, los participantes reflexionen sobre los valores y elijan una pulsera para indicarles a los demás su enfoque para la reunión). También pueden ser divertidos (otro equipo lleva a cabo una serie de *charlas* periódicas en las que diferentes miembros preparan una charla de cinco minutos sobre cualquier tema que les interese. Los rituales incluso se pueden combinar con otros elementos de unión en esta sección (los martes de tacos de Lawyerist se trata más del ritual que de la comida).

Estas seis actividades no son las únicas, pero son un lugar perfecto para empezar. Pruébalas, modifícalas como mejor te parezca o deséchalas por completo a favor de algo que sientas mejor para tu equipo. Depende del grupo decidir qué actividades se convierten en tradiciones. Pero a medida que tu equipo crece y trabaja en conjunto por más tiempo, considera instituir la siguiente tradición específica.

La reunión *in situ*

Como vimos con Buffer, reunirse en persona y ocupar el mismo espacio físico es una de las formas más rápidas de establecer una conexión. Entonces, si puedes, PLANEA REUNIONES *IN SITU*. Lo ideal es reunir a los empleados con bastante regularidad. Éste es un buen momento para centrarse en la estrategia de alto nivel, establecer objetivos y otras iniciativas de toda la empresa, al mismo tiempo que se les da tiempo para socializar. Pero también se necesita tiempo para reuniones *in situ* más pequeñas. Estos espacios y tiempos se pueden usar para discutir los objetivos de todo el equipo, pero también pueden ser un *sprint* de trabajo presencial donde todos alternan entre trabajar y descansar juntos.

De cualquier forma, los líderes remotos deben encontrar tiempo para reunir a sus equipos en vivo. La forma más sencilla es programar una reunión *in situ* alrededor de un congreso de la industria. Si la mayoría del equipo tendrá beneficios por asistir, seguro también se beneficiará de encontrarse con los demás después del horario laboral. Y si el congreso ya estaba en el presupuesto, entonces sólo habrá algunos gastos adicionales. Claro que si consigues un presupuesto adicional, planea una reunión de tres a cinco días en un lugar único y memorable.

A medida que se acerque la fecha del *in situ*, comunica *en exceso* los detalles logísticos. No supongas que todos tienen la misma familiaridad con la logística de viajes o el mismo nivel de comodidad en lugares nuevos. En Buffer, Lee y Kopprasch aprendieron esta lección muy rápido. Al planear retiros o reuniones *in situ* que requerían viajes internacionales, descubrieron que algunos compañeros nunca habían volado a otro país o no tenían pasaporte. De preferencia crea un documento compartido de *preguntas frecuentes* con tu equipo y actualízalo *cada vez* que surja una pregunta nueva sobre la reunión. De esa manera harás todo lo posible para que tu equipo se sienta cómodo, pero sin agregar demasiado trabajo adicional a tu lista de tareas.

Durante la reunión *in situ* equilibra la agenda entre avanzar en los proyectos del equipo y dejar tiempo para conectarse y vincularse como grupo. Ésta podría ser una agenda de mitad y mitad de la jornada o diferentes temas para diferentes días. Tómate las libertades que quieras con los horarios, pero asegúrate de tener una agenda. Debes planear cómo se gastará el tiempo para saber que se empleó bien.

Por último, si no puedes reunir a todo el equipo con la frecuencia que te gustaría, asegúrate de ayudar a los miembros para que coordinen sus visitas cuando viajen cerca de otro colega. No hagas que se sienta obligatorio, pero comunícate con tus compañeros de equipo para una visita rápida (o un *fika* en persona) si sabes que estarás en la ciudad. Poco a poco otros miembros del equipo harán lo mismo.

Los equipos remotos funcionan bien, pero sólo cuando el equipo de verdad se siente como tal. Los trabajadores remotos individuales luchan con sentimientos de soledad y aislamiento, los cuales son la naturaleza del trabajo, pero no tienen por qué ser la naturaleza de tu equipo. Si das algunos pasos deliberados para construir vínculos entre los miembros de tu grupo y reunirlos de forma física, descubrirás que los acercas mucho más de manera emocional, y más vínculos emocionales pronto se convertirán en más victorias colectivas.

REGLAS PARA LÍDERES REMOTOS

La construcción de vínculos entre los miembros de tu equipo remoto es importante. Sin un plan deliberado de conexión, la soledad puede arrastrar a cualquiera y llevar su vida y trabajo en picada. He aquí una revisión rápida de nuestras reglas para líderes de equipos remotos a la hora de crear vínculos en su equipo:

- Encuentra u ofrece tiempo para el *fika.*
- Planea comidas compartidas.
- Busca compañeros de equipo para hacer *sprints* de trabajo.
- Mantén horarios de oficina (anima a los demás a hacer lo mismo).
- Realiza la técnica "Búsqueda del tesoro en la oficina anfitriona".
- Crea rituales de equipo.
- Planea reuniones *in situ.*

Y si buscas herramientas que te ayuden a crear vínculos en tu equipo, puedes obtener varios recursos como plantillas, hojas de trabajo, videos y más en davidburkus.com/resources (disponibles sólo en inglés).

5

COMUNICARSE VIRTUALMENTE

Cuando cada miembro de tu equipo remoto trabaja de forma aislada, coordinar ese trabajo se vuelve aún más importante. Comunicarse de forma virtual significa establecer las expectativas correctas sobre los tipos de comunicación que se usan y su frecuencia. El objetivo es poder hablar sobre el trabajo que se está haciendo y dejar tiempo suficiente para hacerlo.

Basecamp no sólo es una empresa que trabaja a distancia. Basecamp se fundó de forma remota. Por eso tienen opiniones fuertes sobre el papel de la comunicación para lograr que se haga el trabajo, porque han visto lo poderosa que es una herramienta de comunicación (cuando se implementa de forma correcta).

Creada como una agencia de diseño web, la compañía tuvo un momento crucial en 2001, cuando el fundador Jason Fried contactó al programador David Heinemeier Hansson y lo contrató para crear una aplicación para gestionar proyectos.[1] Fried tenía su sede en Chicago, pero en cuanto creyó que Hansson era la persona adecuada no dudó en contratarlo (por cierto, vivía en Copenhague). Sólo tenían que trabajar a distancia. Y lo hicieron. Su éxito con la comunicación y coordinación laboral fue fundamental no sólo para convertirse en una empresa de productos, sino en una de las principales herramientas para la gestión de proyectos, en especial entre los equipos remotos.

Muy pronto los clientes de diseño web solicitaban el programa de gestión de proyectos desarrollado por Hansson. Los clientes echaron un vistazo al interior de la herramienta mientras colaboraban en proyectos y querían usarla para gestionar otros trabajos dentro de sus empresas. Entonces, la compañía empezó a ofrecerlo como producto y pronto se volvió más popular que cualquiera de sus servicios de diseño. Entonces Fried decidió cambiar a una empresa de software-como-servicio, con Hansson como socio y actor clave. Tienen una oficina en Chicago, pero no se espera que alguien trabaje ahí... o viva cerca de Chicago. Sólo una docena de personas usan la oficina de forma regular. Fried incluso la diseñó para que no parezca una oficina tradicional, sino una colección de espacios de trabajo remoto, con "reglas de biblioteca" para charlas y paneles de sonido colgados por todas partes para amortiguar incluso esas pequeñas voces.[2]

Juntos, Fried y Hansson escriben libros, dan entrevistas y pláticas que abogan por el trabajo remoto. En 2014 vendieron todos los otros productos de su cartera para centrarse sólo en la comercialización de Basecamp. (Sí, Basecamp es el nombre de la empresa *y* del producto.)

Fried y Hansson no sólo son proequipos remotos, son antioficina. En especial cuando se trata de cómo perciben que el ambiente de oficina afecta a la comunicación. Sí, hay más comunicación en un equipo presencial, pero eso no necesariamente es algo bueno. Describen la oficina moderna como una *fábrica de interrupciones*. En su libro *Remoto: No se requiere oficina* de 2013, un manifiesto sobre la necesidad de equipos remotos, escribieron: "Una oficina ocupada es como un procesador de alimentos: te corta el día en pedacitos".[3] Entre un flujo interminable de reuniones, las interrupciones constantes de los compañeros de trabajo y las imparables notificaciones de correo electrónico (que a menudo no se pueden ajustar porque un trabajador de TI [tecnologías de la información] en algún lugar decidió excluirte de la configuración de tu computadora), la jornada laboral del empleado de la oficina moderna se parece más a lo que sale de un electrodoméstico en un infomercial nocturno ("cortado en cubitos") que a algo que conduzca a un trabajo concentrado y profundo.

Quizá resulta sorprendente saber que el primer principio básico de Basecamp para la comunicación interna es: "No puedes no comunicarte".[4] Aunque Fried, Hansson y el equipo de Basecamp reconocen que la oficina crea un entorno de interrupciones y distracciones constantes, también enfatizan que trabajar de forma remota no significa estar en el vacío. La comunicación efectiva es un componente vital para lograr que se haga el trabajo (la clave es aprender formas eficientes de comunicarse bien acerca de los proyectos en los que estás trabajando sin distraerte de tu trabajo real).

¿Cómo logras ese equilibrio? Fried y Hansson dirían que tu comunicación interna debe ser "a veces en tiempo real, pero asincrónica la mayor parte del tiempo". De hecho, ésa es la segunda regla de oro en su guía de comunicación interna y revela un desafío subyacente en la gestión de comunicación en equipos remotos.

No es un problema. Son dos problemas.

La comunicación no es sólo comunicación. Es comunicación asincrónica y sincrónica. Establecer expectativas sobre cuándo usar cada una (y crear algunas normas a su alrededor) contribuye en gran medida a cerrar la fábrica de interrupciones... sin dejar a nadie fuera del circuito. Echemos un vistazo para comprender cómo y cuándo usarlas en beneficio de tu equipo.

Comunicación asincrónica

Dentro de la categoría mucho más amplia de comunicación asincrónica hay muchos tipos y herramientas para ayudar a mantener a las personas conectadas. Asincrónico puede ser correo electrónico, panel de mensajes, comentarios en documentos compartidos o chat grupal. Pero sea cual sea la herramienta elegida, hay algo que debe mantenerse con firmeza: de verdad tiene que ser asincrónica. Esto significa que el foro de comunicación debe combinarse con la expectativa de que la gente *no* responda de inmediato.

¿Por qué? A menos que se deba tomar una decisión, la comunicación *sobre* el trabajo rara vez es tan productiva como hacer el trabajo en sí. Uno de los principales beneficios de los equipos remotos es que, en teoría, el elemento remoto proporciona a los individuos largos periodos ininterrumpidos para concentrarse en tareas que de verdad generan valor. Pero si se espera que los trabajadores a distancia siempre estén disponibles para comunicarse, ese beneficio se disipa con rapidez.

Considera lo que para la mayoría es la parte más constante de nuestra comunicación diaria: el correo electrónico. En un estudio de 2012 sobre empleados de oficina los investigadores Gloria Mark y Stephen Voida, de la Universidad de California en Irvine, encontraron que los participantes bloqueados del flujo constante de comunicación por correo electrónico estaban más concentrados, productivos y menos estresados.[5] Primero, Mark y Voida dejaron que los participantes laboraran de manera normal durante un periodo de *referencia*. En esos tres días observaron su flujo de trabajo a través de un software de monitoreo digital que realizaba un seguimiento de los programas informáticos que los trabajadores usaban y durante cuánto tiempo. También se midió su frecuencia cardiaca como un indicador de los niveles de estrés. Después de los tres días los investigadores instalaron un filtro de correo electrónico en las computadoras de los participantes que silenciaría todas las notificaciones entrantes y archivaría cualquier mensaje nuevo en una carpeta para su lectura posterior. Esta etapa *sin correo electrónico* duró cinco días, durante los cuales los participantes seguían usando su computadora y les monitorearon la frecuencia cardiaca.

Sin la distracción constante, todos los empleados (menos uno) dedicaron más tiempo en cada programa de computadora que usaban, lo que sugiere que estaban más concentrados en una tarea a la vez. También experimentaron menos estrés que en los días de *referencia*, a pesar de ser más productivos. Y sus hábitos de comunicación también cambiaron. Sin notificaciones de correo electrónico de ida y vuelta, los participantes fueron más propensos a levantar el teléfono y mantener una conversación rica en información con sus colegas. No era el trabajo lo que los estresaba, sino el tener que detenerse de manera constante para hablar del trabajo que se distraían de hacer.

Este estudio respalda esa sospecha de los empleados que se sienten abrumados no sólo por el volumen de mensajes en su bandeja de entrada, sino por la cantidad de bandejas de entrada y portales que tienen que revisar. Ya sea por correo electrónico o una herramienta de comunicación más reciente como Slack, la comunicación asincrónica puede ser contraproducente si está *siempre activa* y se espera que los empleados respondan rápido a cada nuevo mensaje. En términos de qué herramientas son las que más interrumpen, en específico, las aplicaciones de chat grupal han desplazado al correo electrónico como el mayor ladrón de enfoque. Pedir a los empleados que mantengan abierta una ventana de chat grupal es como pedirles que asistan a una reunión de todo el día, sin agenda, en la que los participantes entran y salen al azar y hablan sólo en fragmentos de oraciones… todo mientras se espera que cumplas con tu trabajo diario.[6]

Pero, como muestra el estudio de Mark-Voida, dejar la plataforma de chat grupal y volver al correo electrónico no resolverá el problema si están en juego las mismas expectativas. Más bien la solución es desarrollar expectativas y normas compartidas sobre la frecuencia de la comunicación y luego *apegarse a esas reglas*. En la mayoría de los casos una respuesta dentro de las 24 horas es más que razonable y se considera la expectativa predeterminada. Si necesitas una respuesta más rápida menciónalo en tu solicitud o considera mover la conversación a la comunicación sincrónica. He aquí otras sugerencias para hacer que la comunicación asincrónica funcione a favor y no en contra de tu equipo:

ESCRIBE DE FORMA CLARA Y CONCISA. Existen algunas tecnologías para compartir mensajes de audio y video de forma sincrónica, pero hasta ahora no se han adoptado de manera amplia. Por lo tanto, en el futuro previsible la comunicación por texto será el método dominante para compartir información. (Pero ya lo sabías... sólo mira tu bandeja de entrada.) Esto significa que ser un buen escritor es un elemento vital para ser un gran compañero de equipo. La escritura clara refleja un pensamiento claro. También es la mejor manera de transmitir tu punto de vista. Siempre usa oraciones simples. Mantén el lenguaje lo más conciso posible. Evita la jerga a menos que sepas que todos en la discusión están familiarizados con los términos. Usa la voz activa tanto como sea posible (a menos que seas un abogado intentando, de forma deliberada, evitar la culpabilidad con frases en voz pasiva como "se cometieron errores").

No asumas un consenso generalizado (o un reconocimiento). Esto aplica incluso si se dijo algo en el chat grupal o se envió en un correo electrónico para todo el equipo. Si necesitas consenso, solicítalo. Si requieres confirmación de recepción, pídela. Si necesitas algo en una fecha u hora determinada, indícalo con claridad. Dependiendo de la situación, puedes decir que si no recibes noticias de las personas antes de una fecha límite establecida, entonces asumirás el consenso. Pero no lo hagas de forma automática. Esto quizá genera más trabajo a corto plazo (contar las respuestas de cada miembro del equipo), pero a largo plazo te ahorrará más que si avanzas rápido en un proyecto sólo para encontrar, unos días o semanas después, las verdaderas objeciones de los demás.

Infunde positividad en tu escritura. Es bastante fácil malinterpretar el sarcasmo o el humor negro en los mensajes de nuestros cónyuges, socios o amigos cercanos. Es casi un hecho que frases similares compartidas con colegas menos familiares se malinterpretarán. Y no siempre es culpa del escritor. Las investigaciones muestran que los destinatarios de medios escritos como correo electrónico o chat de texto tienen más probabilidades de sufrir un *efecto de negatividad*; es decir, que la falta de señales emocionales hace que los lectores se equivoquen e interpreten los mensajes como más negativos de lo que pretendía el escritor.[7] No sacrifiques un tono cálido y agradable por algo más profesional, a menos que la situación (o el equipo de abogados) lo requiera.

Al mismo tiempo, **ASUME UNA INTENCIÓN POSITIVA** al leer los mensajes de otros. Es posible que no hayan leído este libro (o aún no; siempre puedes enviarles una copia) y quizá no notan que su comunicación de *sólo los hechos* está resultando fría y calculadora. Así que caliéntala mientras la lees y, en caso de duda, asume lo mejor.

En un entorno de equipo remoto la comunicación asincrónica, bien realizada, debe ser el modo de comunicación predeterminado. No sólo porque evita que el calendario de todos tenga demasiadas reuniones y muy poco trabajo real, sino también porque respeta los diversos horarios laborales en los que se estructuran esos calendarios. Aun así, hay ocasiones en las que una discusión por correo electrónico, chat o tablero de mensajes no es suficiente. En esos casos debemos girar hacia la comunicación sincrónica, que requiere su propio conjunto de normas y expectativas para ser eficaz.

Comunicación sincrónica

Cuando observamos situaciones en las que se requieren conversaciones sincrónicas o en tiempo real es tentador suponer que la tecnología de vanguardia mejoró mucho estas discusiones. Con la tecnología moderna puedes hacer una reunión digital de 100 personas en la que todos ven las caras de los demás con fondos virtuales, y al mismo tiempo vigilas el flujo continuo de los mensajes grupales y privados, todo mientras intentas recordar si estás en silencio o no.

Al ponerlo así, no suena tan propicio para la comunicación.

Un creciente cuerpo de investigación refuerza que las videoconferencias no mejoran mucho la comunicación. Suponemos que deberían hacerlo. Todos escuchamos la estadística (ahora desacreditada) de que 93% de la comunicación es no verbal y las videollamadas nos permiten traer ese factor a la conversación. Pues resulta que somos mucho mejores escuchas cuando desconectamos parte de lo no verbal.

En una serie de estudios sobre comunicación, el investigador Michael Kraus descubrió que la comunicación sólo con la voz provocaba la tasa más alta de precisión empática: la capacidad de medir las emociones, pensamientos y sentimientos de otras personas.[8] En un experimento, Kraus emparejó a casi 300 participantes para una conversación con un total extraño. La mitad de las parejas estuvo en una habitación bien iluminada; la otra mitad estaba a oscuras. Después les aplicaron encuestas diseñadas para calificar sus emociones y las que percibieron en sus parejas. Al recopilar los resultados, Kraus descubrió que los participantes en la habitación a oscuras eran más propensos a juzgar con precisión las emociones que sentía su pareja.

En un experimento de seguimiento, Kraus diseñó interacciones que imitan conversaciones en el lugar de trabajo. Como en el primer experimento, pusieron a los participantes en parejas. Esta vez se realizaron dos interacciones entre cada pareja a través de una plataforma de videoconferencia. En la primera los participantes sólo usaron la función de voz. En la segunda prendieron la cámara para voz y video. Después todos los participantes recibieron una evaluación similar de sus emociones y las de sus parejas. Al igual que con el primer experimento, los participantes midieron con mayor precisión las emociones en la interacción sólo con voz. La investigación de Kraus está en línea con una investigación más amplia que muestra que, para juzgar las emociones con precisión, las señales vocales son más críticas que las expresiones faciales. La ventana del alma no son los ojos… sino las cuerdas vocales.

Como saben todos los que han laborado más de un día, las emociones se intensifican durante las discusiones en el lugar de trabajo. Y la capacidad de leer con precisión las emociones *detrás* de lo que se dice es una habilidad crucial. Por eso nos sorprende descubrir que deshacerse de las interminables videollamadas y utilizar tecnologías de la *vieja escuela* (como una llamada telefónica) en realidad logra más comunicación en menos tiempo. Pero la evidencia lo apoya.

Y más allá de mejorar nuestra capacidad para procesar lo que dice la otra persona, las llamadas telefónicas antiguas son más cortas que las videollamadas, lo cual permite que la persona vuelva más rápido al verdadero trabajo. Entonces, cuando tengas un problema que la comunicación asincrónica o de texto no pueda resolver, busca el teléfono antes de una invitación de calendario para una videollamada. Siete minutos en el teléfono superarán tanto a un día entero de correos electrónicos de ida *y* vuelta como a una videoconferencia de una hora.

Entonces: VOZ PRIMERO, VIDEO DESPUÉS.

REVÍSATE ANTES DE PASAR A LA CÁMARA. Habrá situaciones donde debes pasar al video. En especial si hay varias personas involucradas y leer las señales sobre quién quiere hablar funciona mejor cuando los ves a todos. En esos casos recuerda que cuando estás frente a la cámara con alguien *estás frente a la cámara* con alguien. Esto significa comprobar tu apariencia antes de prender la cámara, al menos de la cintura para arriba. Un mundo de trabajo remoto significa que todos estamos un poco más relajados sobre el código de vestimenta. Pero si parece que te acabas de levantar de la cama, la gente pensará: "Acaba de salir de la cama". Y piensa un poco en tu fondo. En 2020 una encuesta realizada en medio de la cuarentena del covid-19 demostró que la gente prefería ver la sala real detrás de las personas que llamaban por video, no una imagen falsa de un atardecer hawaiano.[9]

PON UNA FUENTE DE LUZ DETRÁS DE LA CÁMARA. Quizá tienes una gran vista por la ventana detrás de ti, pero las personas en la videollamada no la verán. En cambio, mientras la cámara se esfuerza por ajustar su configuración, serás una silueta contra un cuadrado borroso de luz. Si no eres un denunciante anónimo en algún documental de investigación, muéstranos tu rostro.

APRENDE A HACER CONTACTO VISUAL. Éste es un consejo profesional de alguien que ha grabado *muchos* videos y dirigido *muchos* seminarios web: no hagas contacto visual; haz contacto con el lente de la cámara. Por lo general, si haces contacto visual con el otro en la pantalla, parecerá que miras su barbilla o la pantalla de tu computadora. Cuando hables, mira directamente a la cámara. Incluso puedes dibujar una carita sonriente en una nota adhesiva y pegarla junto al lente para recordar mirar hacia arriba y sonreír. Para los seminarios web pego una foto del pasaporte de mi esposa al lado de la cámara. La foto fue rechazada por el Departamento de Estado porque estaba sonriendo... pero ahora no puedo evitar sonreír cada vez que lo veo. Así que mira a la cámara, no a la persona, y parecerá que estás mirando a la persona, no a la cámara. ¿Entendido?

Aunque *la voz primero, video después* es una buena regla, vale la pena recordar que en realidad debería ser *primero el trabajo, segundo la voz y tercero el video.* Las tecnologías modernas de comunicación son asombrosas, pero también demasiado tentadoras. Resiste las ganas de hacer videoconferencia con alguien cada vez que quieras comunicar algo. Recuerda que el trabajo ininterrumpido es uno de los principales beneficios de trabajar de forma remota. Llenar los días de tu gente con llamadas va en contra de ese beneficio. Entonces, antes de levantar el teléfono, intenta reflexionar ¿qué será más valioso? Esa llamada telefónica o dejar que tu gente siga trabajando sin interrupciones.

¿Necesitas un filtro de agua virtual?

Establecer expectativas y normas para la comunicación tendrá un impacto muy positivo en la productividad de tu equipo. Cuando la comunicación asincrónica es la norma y la sincrónica se mantiene al mínimo, los miembros de tu grupo tienen más autonomía sobre sus horarios que un equipo presencial. Pero muchos equipos descubrieron una cosa que una oficina ofrece y es una gran oportunidad para la comunicación: el filtro de agua.

Todo el mundo necesita descansos a lo largo del día. La charla que solía ocurrir donde está el filtro de agua (en la sala de maestros de la escuela, el área de la cocina de la oficina, la cafetería del hospital, etc.) era una buena manera de restablecer la mente y conectarse rápido con los compañeros de trabajo a través de una charla casual. Muchos equipos y empresas remotos han buscado recrear ese filtro de agua virtual con una sala de chat siempre disponible para que la gente entre y salga cuando quiera.

Lo sé. Lo sé.

Sólo enfatizamos la importancia de *no* tener una ventana de chat grupal siempre abierta. Aquí es donde entra en juego un buen liderazgo. El objetivo no es estar conectado de manera constante. Al mismo tiempo, muchos equipos se han beneficiado de tener un lugar para tomar algunos descansos naturales, charlar sobre los maratones de series o programas de televisión, compartir fotos o videos de familiares, amigos o gatitos divertidos. Bastantes investigaciones sugieren que dejar espacio para las *charlas triviales* y otras conversaciones no laborales en realidad aumenta el desempeño individual (siempre y cuando no sea una distracción constante).[10]

Entonces, la clave parece ser que cada miembro del equipo debe sentir que su presencia nunca es necesaria, pero siempre es bienvenida. El control recae en cada individuo. Sólo les diste un lugar para que tengan conversaciones no laborales que ayuden a mantenerlos conectados.

Y asegúrate de que las discusiones no sean de trabajo. De lo contrario sólo se volverá un espacio más que los miembros del equipo sienten que deben visitar con regularidad para hacer su trabajo.

La comunicación es el oxígeno de cualquier relación, sobre todo de los equipos remotos. Cada miembro del grupo puede estar laborando de forma aislada, pero la coreografía de ese trabajo requiere una comunicación a propósito. Sin esas pautas deliberadas, los compañeros de equipo caen en la trampa de irse por tangentes infructuosas o repetir el trabajo de alguien más en el equipo. Todo gran equipo remoto tiene normas y expectativas claras sobre qué, cuándo, cómo y con qué frecuencia se comunican. Y ahora tu equipo remoto también.

REGLAS PARA LÍDERES REMOTOS

Cubrimos mucho en este capítulo sobre comunicación, incluyendo cuándo y cómo ser asincrónico y sincrónico con tu equipo. He aquí una revisión rápida de nuestras reglas para líderes de equipos remotos:

- La comunicación asincrónica es la regla; la sincrónica es la excepción.
- Escribe de forma clara y concisa.
- No asumas un consenso generalizado.
- Infunde positividad en tu escritura.
- Asume una intención positiva.
- Voz primero, video después.
- Revísate antes de pasar a la cámara.
- Pon una fuente de luz detrás de la cámara.
- Aprende a hacer contacto visual.
- Establece un filtro de agua virtual.

Y si buscas herramientas para ayudar a que tu equipo se comunique de forma virtual, puedes obtener varios recursos como plantillas, hojas de trabajo, videos y más en davidburkus.com/resources (disponibles sólo en inglés).

6
REUNIONES VIRTUALES

Como aprendimos al observar más de cerca la forma en que se comunican los mejores equipos remotos, las juntas virtuales son una de las pocas ocasiones en las que todo el equipo se reúne al mismo tiempo. Si se hacen bien, pueden ser una excelente oportunidad para establecer una conexión entre tu gente y darle mayor claridad sobre las tareas en cuestión. Si se hacen mal, pueden ser tan odiadas como… bueno… las reuniones presenciales.

Quizá Wolfram Research no es la empresa remota más grande, pero tal vez es la más antigua y sigue siendo una de las más progresistas y exitosas en lo que respecta a reuniones virtuales. Su director ejecutivo, Stephen Wolfram, es el padre del mundo del trabajo a distancia y fundó la empresa en 1987. Se había mudado para iniciar un centro de investigación en la Universidad de Illinois en Urbana-Champaign y buscaba llevar al mercado un producto de su investigación. La universidad era (y sigue siendo) un centro subestimado para las mentes informáticas, y al principio Wolfram encontró personas talentosas bastante rápido. Pero con el tiempo la oferta de talento de Champaign no fue suficiente. Wolfram quería reclutar personal de todo el mundo y no veía ninguna razón para no lograrlo. La tecnología estaba allí en 1987 para colaborar de forma remota. ¿Por qué no usarla?

Entonces, la empresa empezó a contratar empleados remotos. Y como funcionó, siguieron usando una estrategia remota para encontrar a los mejores talentos, hasta llegar a los 800 empleados que tienen hoy. De hecho, Wolfram decidió volverse remoto y trabajar desde casa o desde cualquier lugar al que viajara. "He sido un CEO remoto desde 1991", se jacta con regularidad.[1]

La empresa es más conocida por su producto estrella, WolframAlpha, un *motor de respuesta* impulsado por inteligencia artificial, fuentes de datos seleccionadas y algoritmos de la compañía. Si buscas en Bing o Duck-DuckGo de Microsoft o si le preguntas algo a Siri o Alexa, lo más probable es que esos programas hayan usado el sistema de WolframAlpha para contestarte. Además de abrir un mundo de respuestas a los usuarios cotidianos, Wolfram Research también es conocido dentro de su industria por hacer públicas las reuniones de su empresa para que todos las vean (y en ocasiones participen).

Así es. Wolfram Research transmite en vivo sus reuniones corporativas. Y algo más loco: cientos de personas las ven. ¡Tiene siete mil seguidores en Twitch! (Una plataforma de transmisión en vivo casi exclusiva para jugadores de video.)

Empezó en 2017. Al ser una empresa remota, siempre hacían sus reuniones de forma virtual. En lugar de una cuadrícula típica de caras diminutas y pixeladas en una pantalla, la mayoría de las reuniones virtuales se llevaban a cabo sólo con audio y pantalla compartida. Por lo general estaban trabajando en el código o en algún otro elemento de diseño, así que ¿por qué no mirar ese código en un solo dispositivo? "En la medida de lo posible, el objetivo de nuestras reuniones es terminar las cosas —explicó Wolfram—. Consultar con todas las personas que tienen los conocimientos que necesitamos y reunir todas las ideas y problemas sobre algo resuelto." Compartir pantalla parecía la forma más fácil de hacerlo.

En cuanto a la transmisión en vivo, Wolfram usó la tecnología para aumentar la transparencia en la empresa durante mucho tiempo. Cuando WolframAlpha se lanzó en 2009, la compañía transmitió el proceso de publicación de la página de internet. Después, siguieron pasando demostraciones de software en vivo y, a veces, Wolfram iniciaba transmisiones cuando escribían un código. A través de esas emisiones en vivo desarrolló un buen seguimiento en línea. "Pero siempre creí que nuestras reuniones internas de revisión de diseño son bastante interesantes, así que pensé '¿por qué no dejar que otras personas también las escuchen?'"

Una reunión típica tiene entre dos y 20 personas de la empresa en línea. Si Wolfram está en la reunión, hará una breve presentación para las personas que ven el *feed* y luego la reunión sigue como de costumbre. Excepto porque los que miran a menudo se presentan en el chat que se ejecuta con la transmisión. Muchas veces son preguntas para el equipo o una discusión general, pero pueden convertirse en comentarios o sugerencias sobre lo que se está discutiendo. "Es como tener asesores instantáneos o un grupo de enfoque inmediato que nos da información o comentarios en tiempo real sobre nuestras decisiones —reflexionó Wolfram—. De hecho, en la mayoría de las reuniones, al menos una o dos buenas ideas que se pueden incorporar a nuestro pensamiento provienen de los espectadores."

Transmitir en vivo cada reunión de la empresa suena aterrador, pero para Wolfram y su equipo ha sido un éxito asombroso. Por lo general, uno de los mayores temores de los líderes es hacer reuniones remotas. Y ni siquiera se transmiten para que todo el mundo las vea. De hecho, "las reuniones virtuales no funcionan" es la respuesta más común que escucho cuando hablo con líderes de todos los niveles sobre equipos remotos.

Pero seamos justos: a veces las reuniones presenciales tampoco funcionaban.

Existe todo un campo de investigación en desarrollo sobre una *ciencia de reuniones* para estudiar su efectividad, y los hallazgos iniciales no son buenos. En un estudio, investigadores de Estados Unidos y Reino Unido aplicaron una encuesta internacional a más de mil empleados en todos los niveles de las organizaciones para conocer su percepción sobre qué tan efectivas eran sus reuniones.[2] La mayoría de los comentarios fueron negativos. Citaron la mala planeación, la falta de una agenda y otros elementos estructurales de la reunión programada. Los pocos comentarios positivos se referían a los motivos *de* la reunión (como resolver problemas o ayudar a formar la cultura). Está claro que las reuniones no se acabarán pronto porque la gente ve el valor de realizarlas. Pero todo ese valor parece desaparecer en la ejecución de la reunión.

En una reunión virtual, estos aspectos positivos y negativos se intensifican. Puede que sea el único momento de esta semana (o mes) en que reúnas a todo tu grupo al mismo tiempo y es tu mejor oportunidad para asegurarte de que las personas se sientan parte de un verdadero colectivo. Al mismo tiempo, si después de cada reunión piensan "todo esto pudo ser un correo electrónico", eso también va a moldear sus sentimientos sobre el equipo en general.

La cantidad de reuniones a las que pides asistencia tendrá un gran efecto en la percepción de la eficacia de cada reunión. En 2019 un estudio de Owl Labs sobre el estado del trabajo remoto informó que los empleados a distancia asistían a más reuniones cada semana que los trabajadores presenciales.[3] Y 14% de los trabajadores remotos dijo que asistía a más de 10 por semana. Son muchas reuniones. Y quizá derivan de la suposición errónea de que las reuniones son el mejor modo de comunicación para un equipo. Pero recuerda el último capítulo: la comunicación grupal cara a cara debe ser el último recurso. Así, cada vez que tu equipo se reúna sentirá que la reunión fue efectiva (porque es más probable que lo sea).

En este capítulo ofreceremos una guía paso a paso para planear y llevar a cabo una reunión virtual eficaz. Y también ofreceremos algunos consejos para organizar la sesión. Planear bien la reunión, ejecutarla de forma correcta y realizar un seguimiento adecuado son claves para asegurarte de que tu gente sienta que está en el equipo remoto correcto con el líder correcto: tú.

Cómo llevar a cabo una reunión virtual eficaz en ocho sencillos pasos

No importa si es la primera junta virtual de tu equipo o la cuadragésima séptima reunión semanal, he aquí los pasos para convertirla en la mejor.

1. **Planea con un propósito.** "Es hora de nuestra reunión programada con regularidad" no es razón suficiente. Quizá *podría* ser que, de vez en cuando, deseas conectarlos a todos. Pero incluso entonces, avísalo desde el principio. Facilitará mucho el proceso de planeación porque las personas tendrán expectativas realistas sobre lo que se discutirá y podrán planear en consecuencia. Otras razones para una reunión son: deliberar sobre un tema, generar ideas, tomar una decisión o colaborar en tiempo real en un documento. Recuerda: sólo un propósito por reunión. Si son más, considera dividirlos en dos reuniones más pequeñas (incluso si ambas ocurren el mismo día).
2. **Elige sólo a los invitados adecuados.** No todos los miembros de tu equipo deben estar presentes en todas las reuniones. Cada invitación a un evento es una distracción del trabajo que están haciendo. Recuerda: el costo de una reunión de una hora con nueve personas no es una hora… son nueve horas. Y a medida que aumenta el número de personas en una reunión, la efectividad de la misma se desploma. Así que ocupa el tiempo de tu equipo de forma inteligente y mantén la lista de invitados lo más corta posible.
3. **Desarrolla la agenda correcta.** Debes tener una agenda para cada reunión, pero tiene que ser la correcta. Las investigaciones demuestran que el simple hecho de tener una agenda no mejora la percepción de nadie sobre la efectividad de la reunión.[4] Lo importante es qué está en el plan y qué tan bien se ajusta la reunión a ese plan. En vez de

usar títulos genéricos usa preguntas. Por ejemplo, "Problemas de marketing" se vuelve "¿Cómo podemos obtener el mismo rendimiento con un presupuesto publicitario reducido?" y "Elementos varios" se convierte en "¿Qué información vital tenemos para compartir entre nosotros?" Las preguntas tienen dos beneficios. Primero, ponen a las personas en el estado de ánimo adecuado cuando envías la agenda (debes enviarla con anticipación). Segundo, ayudan a que todos sepan si la reunión fue efectiva. Si obtuvimos respuesta a nuestras preguntas, entonces sí fue una junta eficaz.

4. **Abre la línea 10 minutos antes.** Cada reunión debe empezar a tiempo. Pero si piensas en la dinámica de las reuniones presenciales, a menudo hay una fase previa a la reunión que permite la valiosa unión del equipo. Tal vez sea porque caminan juntos a la sala o porque llegan más temprano para charlar. En un entorno virtual, si empiezas la reunión a tiempo, le quitas al equipo esa fase de socialización. Así que abre la llamada 10 minutos antes y deja que la gente entre de forma casual (dile a tu equipo que lo harás). Incluso puedes facilitar esta etapa con algunas preguntas planeadas para ayudar a tu gente a compartir lo que sucede en su mundo. (Si empiezas 10 minutos antes, asegúrate de iniciar sesión en la plataforma de conferencias cinco o 10 minutos antes. No querrás estar solucionando problemas de tecnología mientras tus compañeros de equipo comparten los primeros pasos de su bebé o sus vacaciones recientes.)
5. **Designa a alguien para que tome notas.** No es necesario que todas las reuniones se adhieran a las *Reglas de orden* de Robert, pero debes tener un *secretario* asignado (que no sea el moderador) para llevar un registro de lo que se dijo.[5] En particular, quieres asegurarte de documentar problemas imprevistos, nuevas ideas y elementos de acción que surgen de las decisiones. Las marcas de tiempo exactas de quién dijo

qué y cuándo no importan tanto como asegurarse de que sepamos qué ideas se presentaron y quién se comprometió a tomar qué medidas al respecto.

6. MANTENTE EN EL TEMA. Conforme la reunión avanza, asegúrate de concentrarte en el tema y ceñirte a las asignaciones de tiempo planeadas. Si no eres diligente, la gente que habla demasiado puede sacarte muy rápido del camino, igual que los que fingen hacer preguntas, pero en realidad sólo quieren llamar la atención. Construiste tu agenda con un propósito, así que asume la culpa si tienes que interrumpir y pedirles que compartan sus pensamientos en otro momento. Y si alguien llega tarde, no es necesario que pierdas el tiempo poniéndolo al día. Todos tienen la agenda y siempre pueden ver la grabación o leer las actas de la reunión después.
7. CIERRA CON UNA REVISIÓN. A medida que la hora de la reunión se acerca a su fin, haz que todos se concentren con una revisión rápida de lo que acaba de suceder. Haz que el *secretario* designado revise si es necesario; de lo contrario, sólo repasa las preguntas que formaban los puntos de la agenda y verifica que todos sientan que se respondieron las preguntas. Al final, confirma que las personas asignadas entendieron lo que deben hacer y, si es posible, saca compromisos de tiempo para cada acción.
8. DEJA LA LÍNEA ABIERTA. Finaliza la reunión a la hora planeada o antes, pero sin sentir que debes cerrar la llamada de inmediato. Así como abriste la llamada unos minutos antes, déjala abierta para que la gente siga socializando después. Si eres el *anfitrión*, puedes silenciar el audio y deshabilitar el video si necesitas concentrarte en otras tareas (para cerrar la sesión cuando todos se hayan ido).

Después, asegúrate de enviar las actas de la reunión e informarles a todos dónde pueden ver o escuchar las grabaciones si se las perdieron. Al hacerlo, seguro obtendrás comentarios de los miembros de tu equipo que te ayudarán a adaptar el flujo de la reunión a su gusto y hacer que la próxima sea mejor.

Algunos consejos para mejorar aún más las reuniones virtuales

Si sigues los pasos anteriores, tus juntas se considerarán valiosas antes de que empiecen *y* las seguirán viendo así, incluso tiempo después de que terminen. Pero hay algunas otras cosas que debes recordar cuando planees y moderes reuniones virtuales.

COMPARTE LA MOLESTIA. Si lideras un equipo global o uno distribuido en diferentes continentes, los husos horarios se vuelven un factor importante. Si siempre programas las reuniones en horarios convenientes para ti o para la mayoría, envías el mensaje de que los que se tienen que registrar en momentos inconvenientes son menos vitales para el equipo o menos dignos de consideración. Así que comparte el dolor de los malos horarios de las reuniones, rotándolos de manera regular para que todos tengan reuniones en horarios buenos y malos. Así *todos* se sentirán conectados y vitales para el equipo.

O TODOS COLUDOS O TODOS RABONES. Igual que en el consejo anterior, establece que la reunión será virtual si un elemento no puede asistir de manera presencial. Si alguien tiene que conectarse, entonces todos lo harán. Mezclar a algunas personas en la sala y a otras como bustos parlantes en una pantalla digital les da demasiado poder a los que están físicamente en la sala y puede anular contribuciones vitales de los que se sienten como ciudadanos de segunda clase. Otra cosa, si todos se conectan por videoconferencia, asegúrate de que tengan el video activado, a menos que haya una *muy* buena y temporal razón para no hacerlo. Ya sé que dijimos que la comunicación sólo de voz es excelente para las conversaciones uno a uno, pero en una reunión usamos muchas señales visuales para coordinar la discusión y sentir los niveles generales de emoción del grupo. Si alguien no puede estar en video con el resto del equipo durante toda la junta, es probable que no pueda concentrarse en la reunión. Así que vuelve al primer consejo y asegúrate de encontrar el momento adecuado para la videoconferencia.

Minimiza el tiempo de presentación. Claro, es importante darse un tiempo en una reunión virtual para presentar información nueva o hacer que todos estén en la misma página. Pero no te excedas. La verdadera magia de cualquier reunión ocurre durante la discusión, sobre todo en las virtuales. Pasar demasiado tiempo escuchando a una persona aumenta las probabilidades de minimizar un rato la reunión y dar clic para trabajar en otra cosa o revisar los perfiles de redes sociales. Entonces, incluso si alguien está presentando, de vez en cuando haz pausas para preguntas y breves discusiones para volver a involucrar a las personas.

Usa nombres con frecuencia y anima a otros a hacer lo mismo. Hablando de volver a enganchar a las personas, nada llama más la atención que escuchar nuestro nombre. Ayuda a atraer a los que aún no han contribuido a la conversación y hacer que se sientan valorados. Del mismo modo, establece la norma de que todos, siempre, deben identificarse antes de hablar ("Soy David. Oigan ¿y si…?") Esto ayuda a crear una sensación de presencia para el hablante y claridad para los oyentes. También facilita encontrar quién está hablando en la cuadrícula de diminutos rostros.

Empieza positivo. Como la mayoría de las experiencias, las reuniones están sujetas a un efecto de primacía: las primeras cosas que se mencionan se recuerdan con mayor facilidad (todavía recuerdas "Comparte la molestia", ¿verdad? Era el primer elemento de la lista). Esto incluye percepciones y emociones. Así que empieza positivo y será recordada como una reunión positiva. De hecho, hay algunas investigaciones que sugieren que las reuniones también tienen un efecto de contagio, es decir, si un líder de equipo empieza con energía positiva, esa energía y emoción se extenderán al resto del equipo conforme pasa el tiempo.

Agrega descansos. Las videoconferencias son agotadoras por varias razones diferentes, la principal es la *fatiga del Zoom* (un fenómeno muy real). Nuestros cerebros no están diseñados para observar o exponerse a caras grandes o rejillas de caras pequeñas durante mucho tiempo sin cansarse, o peor. Un estudio dirigido por Jeremy Bailenson de Stanford encontró que las videoconferencias alteran nuestro sentido del espacio personal, incluso pueden desencadenar una reacción de pánico.[6] En una videollamada, nuestro sentido de qué tanto invaden nuestro espacio personal se determina por el tamaño de las caras en la pantalla. Una cara grande se siente como si alguien estuviera cerca y fuera personal (en algunos participantes desencadenó una respuesta de lucha o huida). Y una serie de rostros pequeños parece una multitud lejana, todos mirando a la misma persona. Cualquiera de las dos situaciones es incómoda para nuestros cerebros primitivos anteriores a Zoom. Por lo tanto, para las reuniones largas, proporcionar descansos frecuentes para estirar las piernas (y descansar la vista) ayuda en gran medida a reducir la fatiga del Zoom; también dividir lo que aparece en pantalla entre caras, diapositivas y otras imágenes permite que la mente se restablezca.

Divídela y regresa. Si tu equipo es demasiado grande y están todos en la videollamada, considera habilitar las sesiones para grupos pequeños algunas veces. Así, aumentas el compromiso de cada persona y evitas que los que hablan mucho dominen la conversación. Sólo asegúrate de tener un plan para registrar las grandes ideas que surgieron en cada sala y traerlas de vuelta a la discusión principal.

Mantén el chat abierto. Se supone que las discusiones paralelas y los comentarios continuos deben ser mínimos para que los asistentes se concentren en la reunión principal. Pero siempre hay ocasiones en las que alguien necesita enviar un mensaje rápido al moderador, compartir un recurso o explicar por qué tuvo que cerrar la sesión de forma inesperada. Y cuando eso sucede, es mejor que se haga por el chat a que se descarrile toda la discusión.

Combina estos consejos con los pasos anteriores para planear reuniones de equipos virtuales y será mucho más probable que aproveches la capacidad intelectual de todos los miembros del equipo (y evitarás la sensación de "mejor hubiera enviado un correo electrónico"). Las reuniones virtuales que funcionan bien son tu mejor oportunidad para hacer que todo el equipo hable y facilitar un sentido real de cohesión y colaboración entre colegas, sin importar su distancia.

REGLAS PARA LÍDERES REMOTOS

En este capítulo cubrimos mucho sobre la planeación y ejecución de una reunión virtual eficaz. He aquí una revisión rápida de nuestras reglas para líderes de equipos remotos:

Cómo llevar a cabo una reunión virtual eficaz en ocho sencillos pasos:

1. Planea con un propósito.
2. Elige sólo a los invitados adecuados.
3. Desarrolla la agenda correcta.
4. Abre la línea 10 minutos antes.
5. Designa a alguien para que tome notas.
6. Mantente en el tema.
7. Cierra con una revisión.
8. Deja la línea abierta.

Algunos consejos para mejorar aún más las reuniones virtuales:

- Comparte la molestia.
- *O todos coludos o todos rabones.*
- Minimiza el tiempo de presentación.
- Usa nombres con frecuencia y anima a otros a hacer lo mismo.
- Empieza positivo.
- Agrega descansos.
- Divídela y regresa.
- Mantén el chat abierto.

Y si buscas herramientas que te ayuden a implementar estas reglas para realizar las mejores reuniones virtuales, puedes obtener varios recursos como plantillas, hojas de trabajo, videos y más en davidburkus.com/resources (disponibles sólo en inglés).

7
PENSAR DE FORMA CREATIVA

Durante mucho tiempo se consideró que el pensamiento creativo era un esfuerzo individual. Y en un ambiente remoto, puede ser tentador creer en ese mito. Pero la creatividad funciona mejor en equipos y cuando no se trata sólo de lluvias de ideas, sino de un proceso deliberado de resolución de problemas. No tienes por qué perder con este proceso cuando tus compañeros de equipo están en diversos lugares, de hecho, a veces, el mejor pensamiento creativo se consigue con equipos remotos.

"Houston, tenemos un problema."[1]

Ésas fueron las inquietantes palabras que dijo el astronauta Jack Swigert nueve minutos antes de terminar la transmisión en vivo. La tripulación del Apolo 13 había dado al público un *tour* por la nave y, después, las buenas noches. La tripulación escuchó un pequeño estallido, sintió una vibración y mandó el mensaje al control de la misión. Pocos minutos después el comandante Jim Lovell vio por la ventana y notó que salía gas de una de las escotillas de la aeronave. Era oxígeno. Un tanque había explotado y liberaba con rapidez el preciado gas hacia el vacío del espacio.

Así comenzó uno de los actos más famosos de resolución de problemas de un equipo remoto en la historia de la humanidad. Una tripulación de tres astronautas que colaboraba con señales de radio con docenas de sus compañeros de equipo en tierra, los cuales luchaban para desarrollar un plan para traer de vuelta a los tres hombres. Horas después de hacer la llamada obvia para abortar cualquier intento de aterrizar en la luna, los astronautas se movieron del módulo central de comando al módulo lunar. El módulo central de comando funcionaba con celdas de combustible que requerían tanques de oxígeno para alimentarlas. El módulo lunar, por otro lado, funcionaba con baterías y, con algunos pequeños ajustes, tendría suficiente poder para el nuevo viaje improvisado de regreso. También tenía suficiente oxígeno.

Pero algo que no tenía era una forma de remover todo el nuevo dióxido de carbono que producirían tres hombres durante 96 horas, pues el depurador de carbono del módulo lunar estaba diseñado para dos hombres en un periodo de 36 horas. El dióxido de carbono no es tóxico, pero como es más pesado que el aire, lo desplaza, lo que significa que en un ambiente cerrado los humanos comenzarían a recibir menos oxígeno con cada respiración y se asfixiarían. Aunque no había problema: el módulo de comando tenía depuradores y filtros de carbono adicionales. Sólo debían llevarlos.

No tan rápido.

Resultó que los depuradores de carbono en el módulo lunar eran circulares... los del módulo de comando eran rectangulares (y también los filtros). Los astronautas y el control de la misión debían encontrar una forma de colocar un filtro rectangular en un hueco redondo. En un periodo muy corto, el equipo en tierra averiguó cómo instalar un adaptador improvisado en el depurador de dióxido de carbono del módulo lunar usando sólo cosas disponibles para los astronautas. Y se pusieron creativos. La lista de suministros que enviaron a los astronautas incluía partes de sus trajes espaciales, calcetines extra y el cartón de la cubierta del manual de vuelo de la tripulación. La lista de procedimiento incluía pasos como "introduzca el calcetín en el orificio de ventilación en el centro del depurador rectangular".[2]

Pero funcionó.

Los astronautas siguieron la lista de 19 pasos estupendamente y el *buzón* (como llamaron al dispositivo) aguantó lo suficiente para que la tripulación le diera la vuelta a la luna, regresara al módulo de comando y se deshiciera de su bote salvavidas (el módulo lunar) justo antes de entrar a la atmósfera[3] y amerizar en el océano Pacífico, un poco mal por el desgaste, pero vivos, gracias a una increíble resolución remota de problemas.

Con suerte, en tu vida de líder no tendrás que resolver de manera remota un problema de tan alto riesgo, pero es necesario que todos los directivos ayuden a sus equipos a pensar de manera creativa y resolver problemas de forma colaborativa.

Cuando eso sucede, es tentador anhelar los días en los que se reunían todos en la sala de conferencias, tomabas el marcador para escribir en un pizarrón blanco y daban tantas ideas como podían. Pero, como los astronautas de la misión del Apolo 13, los líderes remotos no tienen espacio para trabajar en persona para resolver problemas. Y, lo más importante, la estrategia de la sala de conferencias tal vez no haya sido tan eficiente para el pensamiento creativo.

Como escribí en mi primer libro, *The Myths of Creativity*, "la creatividad es un deporte en equipo".[4] Así que en este capítulo abarcaremos no sólo el proceso óptimo para conseguir que tu equipo piense de manera creativa, sino también cuándo ese pensamiento requiere que reúnas al equipo y cuándo no. Y compartiremos algunas de las mejores prácticas para sacar las mejores ideas de las personas y asegurar que todas sean escuchadas.

¿Puedes hacer una lluvia de ideas en una videollamada?

Es probable que ésa sea la pregunta que me hacen con más frecuencia cuando se trata de pensamiento creativo en equipos. Una de las primeras reacciones que la mayoría de los líderes tiene cuando enfrentan un problema que no pueden resolver es reunir a su gente y hacer un método probado pero no siempre efectivo: lluvia de ideas.

En el mundo corporativo en Estados Unidos nos enseñaron a equiparar todo el pensamiento creativo con una reunión de lluvia de ideas. Junta a todos en una sala durante una hora y genera tantas ideas como puedas.

Pero cuando estudias los métodos de las compañías más creativas (y examinas la investigación sobre pensamiento creativo), descubres algo con rapidez. El pensamiento creativo no es una reunión, es un proceso. La lluvia de ideas, o cualquier otro método de generación rápida de ideas, es parte de ese proceso, pero no lo es todo. De hecho, el trabajo real comienza muchos pasos antes.

Así que ¿puedes hacer una lluvia de ideas en una videollamada? Sí. Pero eso no es todo. De hecho, una reunión para tener una lluvia de ideas ni siquiera debería ser la única junta que tengas cuando trabajas en un problema. Cuando ves el proceso creativo de resolución de problemas y las limitaciones (y fortalezas) de los equipos remotos, es probable que necesites por lo menos tres reuniones diferentes en tres puntos del proceso.

La investigación sugiere que las mejores decisiones se toman cuando divides las reuniones en reuniones más pequeñas en momentos diferentes. En un estudio clásico de psicología social los investigadores reclutaron participantes para realizar una reunión y tomar una decisión con un giro.[5] Después de tomar una decisión, los investigadores les pidieron a los participantes realizar otra reunión y tomar la decisión otra vez. A los grupos no se les dio ninguna retroalimentación sobre su decisión ni se les dio ninguna instrucción sobre tomar una decisión diferente de la que habían tomado en la primera reunión. Pero la mayoría de los grupos lo hizo. Además, la segunda decisión fue más inclusiva de ideas discutidas y más creativa en general que la primera. Una posible explicación para esto es una peculiaridad del comportamiento humano para buscar consenso.[6] Cuando estamos en reuniones tendemos a apresurarnos con la primera idea que parece tener impulso, en parte porque queremos que todos estén de acuerdo y en parte porque sólo queremos terminar la reunión. Los participantes sacrificaron un debate genuino por un consenso rápido. Dividir una reunión larga en varias más pequeñas con diferentes objetivos ayuda a prevenir esa solución intermedia dañina.

Así que cuando necesites pensar de manera creativa con tu equipo para resolver un problema, no programes una reunión larga.[7] Programa tres en el transcurso de varios días: una reunión para el problema, una para ideas y otra para tomar una decisión.

Empieza con una reunión para el problema. El propósito de esta reunión es justo lo que parece: discutir el problema. Con frecuencia, cuando enfrentamos una situación por primea vez, en realidad vemos el síntoma de un problema subyacente. El objetivo de esta primera reunión es dar un paso atrás y determinar cuál problema, si se resuelve, tendrá el mayor beneficio. Para hacerlo, busca tantas personas como puedas que sepan algo sobre el asunto y asegúrate de que tengan tiempo suficiente para compartir su punto de vista. Tácticas o métodos como el de *Los 5 porqués* de Sakichi Toyoda o el diagrama de cola de pescado de Kaoru Ishikawa pueden ser útiles aquí. (Si no estás familiarizado con ninguno de éstos, bien vale la pena una búsqueda rápida en internet.) Pero lo más importante es que la reunión se enfoque en discutir las posibles causas del problema y sus limitaciones. Sí: limitaciones. Aunque tal vez asociemos el pensamiento creativo con ideas ilimitadas y mentes dispersas, hay mucha investigación que sugiere que las limitaciones en realidad aumentan nuestra creatividad.[8] Además, las limitaciones darán un criterio para después juzgar las soluciones. En vez de pensar *fuera de la caja*, debes usar estas reuniones para decidir dentro de qué caja pensar. La mejor versión de esa caja es una simple pregunta: "¿Cómo podríamos_____?" El espacio en blanco es el problema de raíz que descubriste. Por ejemplo: "¿Cómo podríamos aumentar las ventas sin incrementar gastos de publicidad?" O "¿Cómo podríamos reducir la falta de comunicación entre los departamentos?" Hacer una pregunta de respuesta abierta le recuerda a la gente que existen múltiples posibilidades; nuestro trabajo no es encontrar la respuesta *correcta*, es encontrarlas todas y después escoger la mejor.

DESPUÉS CONVOCA A UNA REUNIÓN DE IDEAS. Una vez que se exploró el problema y se escribió la cuestión, convoca a una reunión para ideas. Ésta se parece más a una lluvia de ideas (y en la siguiente sección tenemos algunos consejos sobre cómo moderar esta reunión). Antes de comenzar a soltar ideas, asegúrate de tener a las personas adecuadas en la sala virtual. Dependiendo del problema, podría ser o no la misma lista de asistencia que en la reunión del problema. En la junta anterior preguntamos: "¿Quién sabe algo sobre este asunto?" Pero ahora también debemos asegurarnos de que estamos incluyendo un grupo de participantes más diverso. Además de añadir nuevos asistentes porque descubriste la raíz y notaste que afecta a más gente de la que pensaste al principio, también querrás preguntar "por lo general, ¿quién queda excluido de estas conversaciones?" e invitar a cualquiera que con frecuencia es excluido por las razones equivocadas (un título erróneo, un rol muy bajo en la organización, muy nuevo en la compañía o una serie de otras suposiciones erróneas). Cuando es momento de la reunión, comienza con una breve ronda de presentación. Si tienes la lista de asistentes correcta, es casi garantía que tendrás gente de diferentes equipos. Así que asegúrate de que todos estén familiarizados con el contexto y experiencias relevantes de los demás. Después resume de manera breve el problema que descubriste, las limitaciones, la pregunta del problema ("¿Cómo podríamos___?") y las reglas para la discusión. Dependiendo de tu equipo y del problema, esas reglas pueden cambiar. Por lo menos debes tener directrices que alienten a todos a hablar, que minimicen distracciones y que mantengan cualquier crítica enfocada en ideas. El objetivo de la reunión de ideas no es llegar a una solución final (para eso es la siguiente reunión). Pero una vez que tienen una larga lista de ideas, tal vez valga la pena pasar algo de tiempo disminuyéndola o combinando opciones para que la reunión de decisión sea mejor y más fácil.

Termina con una reunión de decisión. La junta final, la reunión de decisión, no tiene que ser en un día diferente, a menos, claro, que la lista de asistencia cambie de manera drástica entre las dos reuniones. Pero debería haber algún tipo de descanso (para ir al baño, para almorzar, un descanso en la naturaleza) entre la reunión de ideas y ésta. Hacerlo provee el descanso mental necesario para evitar reunirse en torno a cualquier idea que pueda haber ganado impulso durante la junta de ideas y da a todos una perspectiva fresca de la lista de opciones disponibles. Además, tomar aunque sea un pequeño descanso da a muchas personas la oportunidad de retirarse si eran parte de la reunión de ideas, pero no tienen que estar presentes para la decisión. En vez de saltar de inmediato a la lista de ideas, comienza revisando el problema y las limitaciones o cualquier otro criterio que se usará para juzgar el mérito de una idea. Si hay una larga lista de opciones, considera una ronda inicial de votación sólo para eliminar ideas que no cumplan con el criterio, pero evita usar esa ronda para *clasificar* las ideas restantes. Si la lista no es muy larga, entonces ve directo a discutir cada idea en turno. No hablen sólo de las fortalezas y debilidades de cada idea, asegúrate de que todos consideren cómo sería el proceso de implementarla. Mi pregunta favorita para cada idea es: "¿Qué tendría que ser cierto para que funcione?"[9] De esa manera me aseguro de que todos consideren el entorno cuando decidan por la novedad y utilidad de una idea.

Con frecuencia, cuando cada idea se discutió en turnos, el grupo se da cuenta de que una opción o una combinación de opciones sobresalen. Si no sucede así, está bien. Continúen la discusión con el objetivo de seguir eliminando ideas. Si no pueden llegar a un consenso, también está bien. De hecho, con frecuencia es mejor buscar compromiso que consenso. Si algunas personas siguen en desacuerdo cuando se toma una decisión, es una buena señal de que en realidad examinaron todos los problemas relevantes. Si no lo hacen, es posible que el consenso sólo sea resultado de un punto ciego o efecto de cámara de eco y no reflejo de la genialidad de la idea. Pero debes hacer que todos los afectados por la decisión dejen la reunión sintiéndose escuchados y dispuestos a implementar la idea (aunque no haya sido su primera opción).

Juntas, estas tres reuniones garantizan que han examinado por completo un problema, generado múltiples soluciones y llegado a uno de los mejores resultados posibles. Podría parecer una molestia logística programar tres reuniones con tres listas de asistencia. Sí, toma más trabajo inicial que sólo hacer la videollamada y lanzar ideas. Pero a largo plazo ahorrará mucho tiempo y esfuerzo, ya que la idea más propensa a ser generada en esas únicas reuniones es "tenemos que discutirlo más adelante, vamos a programar una reunión de seguimiento".

Al generar ideas, importa el moderador

Darte el tiempo para planear, de manera deliberada, reuniones para la resolución de problemas te ayudará mucho a asegurarte de que tu equipo está pensando de manera más creativa. Además del proceso correcto, hay otro elemento crucial en cualquier proceso creativo: un moderador adecuado. Como líder del equipo es probable que tú seas el moderador predeterminado para la reunión. Pero si no, asegúrate de que la persona elegida sepa cómo llevar la reunión de la manera más eficiente. Para conseguirlo, he aquí algunas cosas a recordar cuando realices cualquiera de las tres reuniones mencionadas arriba:

Abre con un calentamiento. En especial para la reunión de ideas, lo mejor es comenzar con una rápida actividad de calentamiento para alistar a todos para generar ideas de manera rápida y enérgica. Tal vez haya un *músculo creativo* que necesiten calentar (pero es probable que no). Más importante aún: una actividad de calentamiento ayuda a que el grupo se sienta cómodo entre sí y a respetar y responder a las ideas. Esto ayuda a crear la seguridad psicológica necesaria para que la gente no censure sus propias ideas. Yo he usado una variedad de actividades de calentamiento en el pasado, desde usos aleatorios para objetos comunes hasta pedir a todos que compartan su *reunión fallida* favorita. No necesitas invertir mucho tiempo en el calentamiento... y te aseguro que cualquier cantidad de tiempo la recuperarás cuando las ideas reales empiecen a fluir con más rapidez.

CÁMARA Y MICRÓFONO ENCENDIDOS, NOTIFICACIONES APAGADAS. Si todo sale bien, estas reuniones serán animadas. En un entorno presencial, confiamos en muchas señales visuales para asegurarnos de que no interrumpimos a otros y para indicar al grupo que nos gustaría hablar. En un entorno virtual, estas señales son más difíciles de distinguir. Si uno o dos miembros tienen sus cámaras y micrófonos apagados es casi imposible. Así que, por lo menos durante las discusiones, asegúrate de que todos puedan ver y escuchar a los demás. Y aliéntalos a apagar cualquier notificación en su computadora que distraiga. Para el mismo fin, asegúrate de apagar cualquier notificación predeterminada que surja cuando alguien por accidente sale o se une a la llamada. Si bloqueas las distracciones, puedes asegurarte de que no bloqueen el flujo de ideas.

LAS IDEAS NO ESTÁN MAL (PERO LAS SUPOSICIONES PUEDEN SER ERRÓNEAS). Una de las *reglas* más comunes para una lluvia de ideas es *no hay ideas malas*. Pero seamos honestos, algunas ideas son terribles. Y no abordar ideas pobres durante una reunión de ideas puede hacer que la gente empiece a sugerir ideas alocadas y fuera del tema (que no necesariamente es algo malo) o bien a refutar las ideas de otros (que siempre es algo malo). Investigaciones más recientes incluso sugieren que esta mentalidad de *no hay ideas malas* puede resultar contraproducente. En varios estudios, alentar a los participantes a rechazar las ideas[10] y opciones de debate por lo general produce una mayor cantidad de ideas y aumenta la calidad. El truco es asegurarse de que la gente critica las suposiciones detrás de la idea, no la idea en sí. En otras palabras, debate si los *hechos* subyacentes de una conclusión son verdaderos. Así que el "no estoy de acuerdo" se convierte en un productivo "Es una idea interesante, pero parece que estamos asumiendo _____. ¿Sabemos si eso es verdad?" No debatan si otro participante está llegando a una conclusión errónea por los mismos hechos. Esto ayuda a que el debate se enfoque en ideas y evita que los participantes se sientan juzgados y se guarden más ideas.

Aprovecha el silencio. Si alguna vez has estado en una lluvia de ideas en especial ruidosa, es probable que hayas pensado: *debe haber una mejor forma de hacer esto*. Y de hecho, la hay. Una gran cantidad de información en aumento sugiere que agregar periodos de creación y reflexión en silencio incrementa el número de perspectivas compartidas y mejora la creatividad general del grupo.[11] En especial en una reunión virtual, sólo se escuchan un montón de voces a la vez (y sólo una domina la pantalla). En esas situaciones, los parlanchines (y compañeros de equipo con mucha confianza) tienden a dominar la conversación. Agregar algo de tiempo para la generación de ideas en silencio arregla eso. Empieza la reunión con ese ejercicio o pide que generen ideas antes de unirse a la reunión. Mejor aún, aliéntalos a mandar sus ideas de manera anónima, esto reduce todavía más la autocensura, ya que el miedo a la crítica está casi eliminado.

Divide las reuniones grandes en grupos. Mientras más larga sea la lista de asistencia, menos se escuchará la voz de cada persona. Cuando la reunión tiene más de seis integrantes corres el riesgo de perder algunas ideas por completo. Por eso aprovechar el silencio es tan poderoso, pero también es una razón para aprovechar las *salas para grupos pequeños*. La mayoría de las plataformas tiene una función que permite al anfitrión de la reunión asignar (de manera deliberada o aleatoria) personas en salas virtuales más pequeñas y regresarlas después de un periodo determinado. Para sacarle provecho asegúrate de revisar los objetivos y metas de la reunión (el problema y las limitaciones para una reunión de ideas) y después manda a la gente a salas de menos de cuatro personas. Da instrucciones claras de cuánto tiempo durará y cómo registrar las ideas para que se vean en la sala principal. Muchas personas usan el chat para esto, pero creo que funciona mejor escribir de manera colaborativa en un documento compartido por todos los grupos de trabajo. Si la plataforma de conferencias que usas no tiene la función de *salas para grupos pequeños* o *grupos de trabajo*, no hay problema. Sólo ponte de acuerdo con tiempo con los anfitriones de los grupos de trabajo que estarán a cargo de videollamadas separadas e invita a los demás para que se unan.

EMPAREJA Y COMPARTE. Incluso si el tamaño de tu reunión es pequeño, hay otras formas de aprovechar los grupos de trabajo. En medio de la generación de ideas intenta emparejar gente en salas para grupos pequeños. No necesitas darle muchas vueltas, sólo divídelos en salas virtuales diferentes y que empiecen a generar ideas ahí. Pídeles que compartan sus pensamientos con su nuevo compañero y ten una lista de las ideas generadas en la sala. Cuando sea momento de juntar a las parejas en la reunión principal no hagas que compartan sus propias ideas o que sólo una persona comparta toda la lista. Pide a las personas que compartan las ideas de *su compañero* en vez de las propias. Esto tiene el efecto de quitar cualquier autocensura que podría suceder y garantiza que cada idea tiene por lo menos un seguidor detrás de ella. Tal vez descubras que quien comparte la idea también añade cosas a ella. "Emparejar y compartir" funciona bien, ya sea que estés haciendo una tradicional lluvia de ideas o usando un método diferente para generarlas.

USA UNA VOTACIÓN POR CLASIFICACIÓN PARA ELIMINAR IDEAS CON RAPIDEZ. Una de las formas más comunes para quedar estancado durante la reunión de decisión es discutir demasiado las fortalezas y debilidades de varias ideas, sólo para descubrir que tres o cuatro de verdad eran consideradas con seriedad por todos. Así que, si la lista de posibles opciones es larga, considera agregar una ronda de votación por clasificación para reducirla. En este método, los participantes usan una boleta escrita (o una encuesta en línea) para votar por su primera, segunda y tercera opción, asignando más peso a cada rango. Es probable que haya una idea que "gane" la ronda de votación, ya que tendrá mayor apoyo detrás de ella. Pero eso no es importante en esta etapa. Lo que importa es que varias ideas no recibirán votos y se pueden retirar con facilidad de la mesa antes de reanudar la discusión.

Aplicar algunas o todas estas pautas cuando moderes ayudará a llevar la reunión con más fluidez y mejorará la calidad y cantidad de ideas. Además, ayudarán a todos los participantes a sentirse más incluidos y hará que sea más probable que contribuyan en el futuro.

El mito de que el pensamiento creativo es un esfuerzo individual se vuelve más creíble en un ambiente remoto. Pero aunque individuos pueden generar ideas, la verdadera magia sucede cuando se lanzan ideas en conjunto y se combinan para generar nuevas. Y eso sólo sucede en un equipo. Saber cuándo realizar una reunión y cómo dirigirla es crucial. De hecho, puede ser más fácil en un escenario remoto.

REGLAS PARA LÍDERES REMOTOS

Hay mucho que considerar cuando ayudas a tu gente a pensar de manera creativa. He aquí una revisión rápida de nuestras reglas para líderes de equipos remotos:

- Empieza con una reunión para el problema.
- Después convoca a una reunión de ideas.
- Termina con una reunión de decisión.
- Abre con un calentamiento.
- Cámara y micrófono encendidos, notificaciones apagadas.
- Las ideas no están mal (pero las suposiciones pueden ser erróneas).
- Aprovecha el silencio.
- Divide las reuniones grandes en grupos.
- Empareja y comparte.
- Usa una votación por clasificación para eliminar ideas con rapidez.

Y si buscas herramientas que te ayuden a resolver problemas de manera más creativa con tu equipo, puedes obtener varios recursos como plantillas, hojas de trabajo, videos y más en davidburkus.com/resources (disponibles sólo en inglés).

8
GESTIONAR EL DESEMPEÑO

La gestión del desempeño en una época remota significa abandonar la idea de que la presencia es igual a productividad. En vez de eso, los líderes remotos inteligentes saben que es su labor ayudar a su equipo a establecer objetivos, monitorear el progreso y dar la retroalimentación necesaria para hacer su mejor trabajo. Se trata de apoyar a tu equipo para que haga su trabajo, no espiarlo para ver si lo está haciendo.

Para el equipo de Actionable.co ninguna tarea parecía entregar el producto que se pretendía cuando el trabajo empezó.[1] Aunque esto parezca confuso, también es el secreto del éxito de Actionable.co. Como lo explicó su fundador Chris Taylor: "La herramienta de desempeño más importante que tenemos es que entrenamos a nuestro equipo para trabajar en voz alta".[2] De hecho, esta herramienta hizo que Actionable.co despegara desde el principio.

En 2008 Taylor comenzó Actionable.co más como un proyecto secundario que como un negocio. Había tenido dificultades para despegar al principio de su carrera. Entonces, en un esfuerzo por cambiar eso, se comprometió a leer un famoso libro por semana y publicar un resumen y una reflexión en su página de internet, complementando con un experimento donde ponía las lecciones del libro en práctica. En esencia, Taylor estaba aprendiendo en voz alta para cualquiera que se encontrara con su página de internet. Y cuando el año terminó, decenas de miles de personas entraban a su página. Querían mejorar en su trabajo y en su vida y los resúmenes de Taylor ofrecían una gran forma de aprender y de poner manos a la obra.

Muy pronto la gente le pedía hablar en sus reuniones o hacer talleres dentro de sus compañías para ayudarla a aplicar las mismas lecciones que aplicaba en internet. Si funcionaba para Taylor (y para los miles de individuos que habían mejorado su desempeño y vida poniendo manos a la obra en vez de sólo leer libros), entonces seguro funcionaba para los equipos de trabajo y compañías completas que probaban la misma estrategia. Esto pronto se transformó y Taylor empezó a ofrecer kits para ayudar a los gerentes a realizar talleres con un solo equipo si no podían pagar una capacitación en vivo. Esto cambió de nuevo, entonces creó recursos para que otros capacitadores corporativos los ofrecieran a varios equipos para seguir aprendiendo y aplicando conocimientos en sus grupos. Aunque en este punto Taylor ya había dejado su empleo para enfocarse en Actionable.co, la carga de trabajo creció con mucha rapidez y él no podía producir todo por su cuenta. Necesitaba reclutar un equipo y construir una compañía real.

Cuando llegó el momento de hacerlo, decidió no permitir que la geografía se interpusiera en su camino. "Hemos sido remotos desde el día uno —recordó—. Mi filosofía general siempre fue encontrar los mejores talentos sin importar dónde viven y después descubrir una forma de trabajar con ellos." Mientras Actionable.co crecía, significó encontrar más de 40 personas repartidas en la mitad del mundo. En su mayoría, cada miembro trabajaba de manera autónoma en proyectos en *sprints* a corto plazo, después se reunían con el equipo y decidían los proyectos para el siguiente *sprint*.

Para gestionar proyectos y desempeño, Actionable.co puso su calendario en línea para trabajar. La compañía dividió el año en trimestres. Cada trimestre es de tres meses (porque son matemáticas simples) y dentro de cada trimestre el equipo hace *sprints* de seis semanas, con algo de tiempo para reflexiones, reconexiones y planeación intermedia. Cada grupo en la empresa establece un objetivo anual, después un objetivo trimestral y, luego, una lista de productos finales para ese *sprint*.

Pero se entendía que al final del *sprint* era probable que el producto final no fuera como se había prometido. "Basado en lo que aprendiste a través del *sprint*, cambiará tu idea de lo que en realidad funcionará —explicó Taylor—. Eso está bien. Nuestro enfoque está en los resultados, no en la actividad. Sólo queremos asegurarnos de que lo que entregues cumpla con los objetivos del proyecto, incluso si luce muy diferente de lo que se planeó al principio."

Enfócate en el resultado, no en la actividad

Eso suena maravilloso, pero ¿no sería muy confuso si esperas algo de tus compañeros de equipo y, seis semanas después, te entregan algo muy diferente? Ahí entra el trabajar en voz alta. En Actionable.co se espera de manera regular que todos compartan su progreso, promuevan sus logros y pidan ayuda si están estancados. Cada equipo tiene una reunión semanal donde reciben actualizaciones, se comparten retos y se monitorea el progreso. La compañía tiene una reunión semanal donde revisan el registro de logros del trimestre y qué cambios se han hecho. Además, cada dos semanas todos los integrantes de un equipo se encuentran con su líder de equipo para una llamada de asesoramiento.

De inmediato, Taylor aclara que no es una revisión de desempeño. "Creo que son tonterías —dijo—. Las revisiones de desempeño tradicionales suprimen la conversación. Se tratan más de presentar el progreso con mejor luz, mostrando y defendiendo, que de discutir y aprender. Pero debe existir una forma de dar retroalimentación a la gente." Así que las llamadas de asesoramiento se convierten en la oportunidad de revisar el progreso y discutir maneras de eliminar obstáculos para alcanzar los objetivos del *sprint*. Por último, todo lo que se discute en esas llamadas se añade a un documento maestro que monitorea los proyectos para ese *sprint* y el progreso (o falta de) que se ha hecho. De esa forma, todos pueden ver dónde están los demás en tiempo real y, tal vez lo más importante, ofrecer ayuda a cualquiera que esté estancado.

Para Actionable.co el sistema no es perfecto, pero está hecho a la medida del trabajo que realizan. Taylor y toda la compañía saben que cambiarán con el tiempo. Incluso la gestión del desempeño es algo que se transformará a medida que avancen en el proceso. Pero Taylor sabía que necesitaban establecer un sistema que reemplazara lo que sucede sin mucho esfuerzo en un equipo presencial.

Cuando todos están en el mismo espacio, trabajar en voz alta sólo pasa. La gente va de una estación de trabajo a otra a hacer preguntas o platica en los descansos sobre contratiempos y progreso. Los gerentes administran *sólo caminando*, lo cual en el mejor de los casos significa supervisar a la gente con regularidad, y en el peor de los casos, espiar a la gente en la oficina sólo para asegurarse de que están en su escritorio y no viendo YouTube.

Por desgracia, muchas compañías que tuvieron que cambiar con rapidez al trabajo remoto buscaron maneras de supervisar el desempeño al enfocarse en la cosa errónea: instalaron softwares para espiar a sus empleados, como lo haría el gerente del peor de los casos. Durante la respuesta al covid-19 y el resultado del experimento de trabajar-desde-casa las ventas de softwares de monitoreo se dispararon. De repente cada computadora de la compañía monitoreaba qué aplicaciones usaba la gente y durante cuánto tiempo.

Pero la estrategia del software espía es una idea terrible por varias razones. Por un lado, lo único que miden es si los empleados usan o no los programas adecuados, no si los usan de manera correcta. En otras palabras, miden la actividad, no los resultados. Además, una cantidad significativa de investigación sugiere que estos programas tienen varias consecuencias involuntarias. En 2017, investigadores liderados por John Carlson, de la Universidad Baylor, buscaron predecir las probabilidades de que un empleado renunciara a su trabajo.[3] En particular, descubrieron que el uso de softwares de monitoreo aumenta la tensión y descontento de las personas y las lleva a mayores intenciones de renunciar. Del mismo modo, un estudio de 2019 de investigadores de la Universidad de Jyväskylä, en Finlandia, descubrió que la vigilancia electrónica de empleados sí aumenta sus motivaciones extrínsecas (hacer el trabajo para ganar una recompensa o evitar un castigo), pero a largo plazo reduce de manera dramática su motivación intrínseca (hacer el trabajo por el gusto de trabajar) y su habilidad de pensamiento creativo.[4] Tal vez lo más importante en ese estudio es que los empleados que se sabían observados eran menos propensos a hacer un esfuerzo extra para ayudar a la compañía.

En vez de software de espionaje, cualquier plan de supervisión de desempeño para un equipo remoto se debe construir sobre la confianza y autonomía. No estás en la oficina con el equipo cada día (y monitorearlos de manera digital no funciona), así que debes confiar en ellos para descubrir cómo van a resolver la tarea que se les asignó.

Y eso es algo bueno, porque por décadas psicólogos empresariales han probado que la autonomía en el trabajo motiva más a los empleados, los hace más productivos y comprometidos. Comenzó en gran parte en la década de 1970, con dos investigadores, Edward Deci y Richard Ryan, ambos profesores en la Universidad de Rochester. El dúo empezó a hacer experimentos para descubrir qué motivaba a los humanos. Con el tiempo ese trabajo sería conocido como teoría de autodeterminación (la habilidad de autodeterminar en qué trabajas y cómo lo haces). Esto contrasta con muchos empleos, incluso trabajos de conocimiento, en la era moderna, donde la gente todavía es *microdirigida* por bienintencionados líderes que creen que asignar tareas y prescribir con exactitud cómo completarlas ayudará a los empleados a desempeñarse mejor. Deci y Ryan escribieron: "La motivación autónoma implica comportarse con un sentido completo de voluntad y decisión, mientras que la motivación controlada implica comportarse con la experiencia de la presión y la demanda hacia resultados específicos que vienen de fuerzas percibidas como externas a uno mismo".[5] El resultado de su investigación favorece la autonomía en casi cualquier situación.

En un estudio notable, Deci y Ryan (junto con Paul Baard, de la Universidad Fordham) estudiaron la relación entre autonomía y desempeño en los empleados de los mayores bancos de Estados Unidos. A más de 500 individuos les dieron paquetes de cuestionarios diseñados para medir cosas como qué tanto sus jefes consideran su punto de vista, les dan retroalimentación útil y los dejan escoger lo que harán y cómo lo harán. Los investigadores también juntaron evaluaciones de desempeño para cada uno de los empleados encuestados. Al comparar los cuestionarios y las evaluaciones, los investigadores encontraron una fuerte correlación entre la percepción de los empleados de autonomía y su desempeño general. Entre más renunciaban los gerentes al control de qué hacer y cómo hacerlo, los empleados eran más propensos a hacer bien las cosas. Eso es un buen augurio para el trabajo remoto, ya que la lejanía quita mucho control de los gerentes.

En vez del control (o la habilidad de dictar cómo un empleado realiza una tarea), la autonomía requiere que los líderes de equipos remotos den retroalimentación y asesoramiento extra (o la habilidad de guiar trabajadores autónomos hacia descubrimientos que los ayuden a mejorar su desempeño). La fuerte correlación entre retroalimentación y desempeño también fue captada en el estudio Deci-Ryan-Baard. No podrás ver a tu gente mientras trabaja, pero le puedes dar actualizaciones de cómo va y guiarla para encontrar maneras de hacerlo mejor.

También vale la pena notar aquí que la autonomía no significa independencia completa. Como señalan Deci y Ryan: "La autonomía significa actuar con voluntad, con un sentido de decisión; en cambio, la independencia significa funcionar solo y no confiar en los demás".[6] De nuevo, esto es un buen augurio para el trabajo remoto, que con frecuencia es muy autónomo por naturaleza, pero *también* muy colaborativo (lo que significa que es más interdependiente que independiente). Así que, aunque algunas tareas de gerentes relacionadas con el control sean eliminadas por el bien de la autonomía, surge un nuevo conjunto de tareas relacionadas con la colaboración.

Al juntar muchas de las lecciones de la teoría de autodeterminación y aplicarlas a un estilo de trabajo hecho a la medida para la autodeterminación, el rol de gestionar el desempeño remoto empieza a tomar forma. Los gerentes que aprovechan la motivación autónoma necesitan ayudar a su gente con tres actividades:

- Establecer objetivos (escoger en qué trabajar).
- Seguimiento del progreso (medir cómo lo están haciendo).
- Dar retroalimentación (ayudarlos a mejorar).

En este capítulo veremos las tres actividades. Resumiremos la investigación sobre cómo realizar cada una de manera efectiva, y daremos algunos consejos y buenas prácticas de compañías donde la gente tiene éxito con sus roles autónomos y remotos.

Establecer objetivos

La primera actividad vital para supervisar el desempeño en equipos remotos es establecer objetivos. En el trabajo remoto con frecuencia hay poco más que la tarea terminada para juzgar a la gente. Puedes rastrear las horas trabajadas o los métodos usados para realizar el trabajo, pero aunque lo hicieras hay poca evidencia de que sería útil. Por ejemplo, un estudio conducido por Erin Reid, de la Universidad de Boston, registró las horas trabajadas, el resultado y la trayectoria profesional de la gente que decía trabajar 80 horas a la semana, contra los que querían más flexibilidad para la familia.[7] Reid descubrió que a los *empleados ideales* se les recompensaba con brillantes evaluaciones sobre su desempeño, bonos y ascensos, mientras que a los *empleados flexibles* no. Pero cuando examinó los datos de desempeño con una perspectiva imparcial descubrió que muchas personas de esos grupos de 80 horas laborales a la semana, de hecho, eran falsas. Sólo pretendían. Y sus gerentes no podían notar la diferencia entre los que en realidad trabajaban tantas horas y los que sabían qué revisaban los directivos y fingían justo en eso.

No seas el líder engañado. Enfócate en objetivos y resultados, no en lo mucho que alguien dice estar trabajando. Y mientras estableces esos objetivos, aquí hay algunas directrices para considerar:

ESTABLECE OBJETIVOS DE MANERA MUTUA. Para incrementar la sensación de autonomía de las personas, es importante que sin importar qué objetivos establezcas salgan de una conversación sobre lo que es necesario y realista. No quieres que tu gente sienta que le acabas de entregar un conjunto aleatorio de objetivos sin ninguna consideración de sus circunstancias o de su tiempo. Si la gente no siente que un objetivo es factible, pone muy poco esfuerzo en él. Y la mejor manera de que las metas parezcan realizables es crearlas juntos en una discusión mutua.

ESTÉN DE ACUERDO EN LA INTENCIÓN. Durante la conversación asegúrate de comunicar la intención detrás del objetivo y lo que se entregará. Como vimos con Actionable.co, con frecuencia cuando la gente se adentra en un proyecto se da cuenta de que el objetivo que estableció en realidad no es viable u óptimo, así que cambia. Por esta razón es vital entender la intención detrás del proyecto. Si la gente entiende *por qué* trabaja en cierto proyecto, entonces estará en la mejor posición de cambiar el proyecto como sea necesario para entregar el resultado deseado.

REDUCE EL RANGO DE TIEMPO. He escrito en otros libros cómo los reportes anuales de desempeño en realidad no lo evalúan, porque el rango de tiempo es muy amplio para dar una retroalimentación real. Pero resulta que la gestión de objetivos anuales (incluso trimestrales) tampoco logra efectos motivadores. En un estudio dirigido por el profesor Meng Zhu, de la Universidad John Hopkins, se descubrió que plazos de entrega muy largos inducían a los trabajadores, de manera errónea, a pensar que una tarea era más difícil de lo que en realidad era.[8] Como resultado, los hace más propensos a procrastinar y renunciar. Si lo necesitas, divide proyectos grandes en tareas más pequeñas, con plazos de entrega más cortos, para mantener a la gente concentrada. (Esto tiene el beneficio extra de asegurar que el cambio de un proyecto tiene un impacto mínimo en otros miembros del equipo, ya que ven el cambio con mayor rapidez.)

Estas tres directrices no abarcan todo y es probable que tengas más que considerar dependiendo del trabajo realizado y de las políticas de la compañía. Pero si las sigues habrás establecido objetivos claros y atractivos para el equipo y harás que sea mucho más fácil dar seguimiento a su progreso.

Seguimiento del progreso

Además de establecer objetivos claros y atractivos, dar seguimiento al progreso para conseguirlos es uno de los trabajos más importantes para el líder de un equipo remoto. Darte el tiempo para registrar el progreso hacia un objetivo es una manera potente de mantener los niveles de motivación altos. De hecho, de manera constante, las investigaciones demuestran que el factor más fuerte en nuestra motivación es la sensación de progresar. La profesora Teresa Amabile, de la Escuela de Negocios de Harvard, está en el centro de esa investigación. Uno de sus estudios más notables busca capturar lo que ella llama la "vida laboral interna" o la experiencia de trabajar. El estudio siguió a más de 200 empleados de siete compañías durante cuatro meses.[9] A cada individuo se le envió una encuesta diaria que le pedía reflejar sus emociones, humor, motivación, percepciones de su ambiente laboral y el trabajo que había realizado ese día. En total, Amabile y su equipo recopilaron casi 12 mil entradas en el diario que iban desde días muy positivos hasta días muy frustrantes y negativos.

Cuando terminaron de examinar cada entrada diaria, los investigadores descubrieron que (sin sorpresa) los empleados eran mucho más productivos en días positivos que en negativos. Pero de manera sorpresiva, el detonante más común de lo que generaba un buen o un mal día no eran los colegas, jefes ni cheques de bonos. Sólo era el sentimiento de progreso del individuo o equipo en su trabajo. Y el detonante para los días más negativos fue justo lo contrario: enfrentar un contratiempo inesperado.

Amabile lo llamó el "principio del progreso".[10] El factor más poderoso en nuestra experiencia de trabajo (y, por lo tanto, nuestra motivación) es progresar en un trabajo significativo.

Además, conforme la gente avanza hacia un objetivo se esfuerza más para conseguirlo. Los investigadores han visto el efecto del progreso en el esfuerzo en una variedad de contextos: desde tareas realizadas dentro de un laboratorio hasta recaudaciones de fondos que juntan más dinero mientras se acercan a la meta,[11] pasando por mi ejemplo favorito: la gente que compra café con más frecuencia en la cafetería local cuando su tarjeta de regalo tiene más sellos y se acerca a ese dulce café gratis.[12]

Como líder del equipo, es tu trabajo crear esa tarjeta de regalo y demostrar el progreso que tu gente está logrando para mantenerla motivada. He aquí hay algunas de las mejores prácticas a seguir:

Supervisa de manera personal y regular. Cada organización, incluso cada equipo, tiene diferentes programas para dar seguimiento. Algunos empiezan con una reunión diaria para revisar y actualizar a todos los del equipo. Otros prefieren reuniones semanales o mensuales. Estas juntas son geniales y el plazo adecuado, en realidad, depende del trabajo que están llevando a cabo. Pero ninguna de estas reuniones debe reemplazar las revisiones personales que haces con cada miembro de tu equipo. Supervisa de manera individual por lo menos cada dos semanas. ¿Por qué? Porque tal vez, durante las llamadas grupales, la gente no es del todo honesta sobre los obstáculos que enfrenta (y en algunos casos tampoco sobre su gran progreso...

¿quién quiere parecer presumido?). Así que la única manera de estar seguro de cómo van tus compañeros o empleados es preguntando en privado.

REVISA A DIFERENTES PERSONAS DE FORMAS DISTINTAS. Éstas no son evaluaciones de desempeño formales, por lo que no hay necesidad de estandarizarlas entre los miembros del equipo. De manera ideal, revisas a todos de forma equitativa, pero equitativo no significa *igual*. Algunas personas preferirán supervisiones semanales, incluso diarias (en especial los novatos), mientras que otros sentirán que eso los interrumpe con mucha frecuencia y preferirán platicar cada dos semanas. Además, la manera en que realizas esa revisión puede variar. Algunos prefieren una videollamada programada que les permita discutir un amplio rango de cosas, mientras que otros querrán mandarte un rápido correo con actualizaciones y preguntas. Conforme vayas conociendo mejor a cada persona de tu equipo, te irás ajustando. Pero si no lo sabes, pregunta.

COMUNÍCATE CON EL EQUIPO. Sin importar que método uses para revisar de manera personal, asegúrate de que el progreso sea captado y comunicado de vuelta al equipo. Si quieres desarrollar un sistema (o una expectativa) de que tu equipo "trabaja en voz alta", como en el ejemplo de Actionable.co, sería ideal. Pero si no, igual tendrás que asegurarte de que el progreso y los cambios en el proyecto se comuniquen al resto del equipo, en especial a otros miembros cuyo trabajo se ve afectado. Comunicar el progreso es una buena oportunidad para festejar los logros de alguien con el resto del equipo. Cuando una persona en el grupo cumple una meta, todo el colectivo avanza.

Pero a veces un miembro del equipo que está muy atorado o yendo en reversa. Si eso sucede, tu trabajo como líder es dar la retroalimentación necesaria para avanzar en la dirección correcta de nuevo.

Dar retroalimentación

Un aspecto inseparable de gestionar el desempeño es dar retroalimentación sobre lo observado. Ya enfatizamos la importancia de enfocarse en resultados, no en acciones. Pero a veces es claro que las acciones observables no están produciendo el resultado deseado. En esas situaciones es crucial dar retroalimentación y encontrar una manera de cambiar el comportamiento. Pero hay más en dar retroalimentación que sólo señalar lo que está bien o mal (incluso poner ambas cosas en ese sándwich de halagos construidos con cuidado, pero de sabor horrible).

SEPARA LOS PROBLEMAS DE PROCESO DE LOS PERSONALES. El renombrado investigador de dirección W. Edward Deming declaró: "Un mal sistema siempre vencerá a una buena persona".[13] O, como dijo Trivinia Barber, de Priority VA (una compañía distribuida que se enfoca en colocar asistentes ejecutivos virtuales con emprendedores): "Cuando descubro un problema, lo primero que hago es determinar si es un problema de personas o del proceso".[14] Barber ha estado en el centro de cientos de relaciones remotas empleador-empleado y ha descubierto que la mayoría en realidad son problemas del proceso (las instrucciones no son claras o no se entregaron los recursos). Darte el tiempo, con anticipación, para determinar si el problema de desempeño que encontraste en realidad es un tema personal, te ahorrará mucho tiempo antes de discutirlo con un miembro del equipo y te ayudará a encontrar mejores soluciones después de hablarlo.

DA RETROALIMENTACIÓN CLARA Y CONSTRUCTIVA. Señala de manera explícita lo que observaste, escuchaste, notaste o leíste. Enfócate en comportamientos específicos y concretos sin asumir ninguna intención detrás de la acción. Uno de tus objetivos en la conversación debe ser descubrir la intención, pero si declaras tu suposición de manera abierta es probable que arruines las oportunidades de que sean honestos contigo. Si es necesario, escribe tu lista de acciones con anticipación para mantenerte concentrado en el momento. Además de señalar lo que se hizo, ofrece retroalimentación constructiva revisando lo que se debió hacer o qué acciones habrían sido mejores.

Enfócate en el impacto detrás de las acciones. Al mismo tiempo que eres específico en acciones, no debes ser percibido como un microgerente. Así que tendrás que emparejar cada acción con un impacto también. Menciona cómo la acción impactó al equipo, al cliente o algún otro accionista. Dependiendo de la acción, éste puede ser un impacto positivo o negativo. Enfocarse en el impacto evita que la conversación se vuelva a la defensiva y también les recuerda a los miembros de los equipos por qué su trabajo es importante y por qué hacerlo bien es lo suficientemente importante para que tú intervengas.

No sólo hables, escucha. Si has sido líder por más de unos cuantos minutos, sabes que la gente tiende a ser más feliz y productiva cuando siente que puede contribuir con libertad... y eso incluye contribuir a la conversación sobre su propio desempeño. No se trata de dejarlos enlistar "excusas". Si hiciste el trabajo de separar problemas de personas o procesos con anticipación, entonces ya quitaste eso de la conversación. Más bien, escucharlos significa echar un vistazo a sus sentimientos y frustraciones. Eso hará que sea mucho más fácil escoger un plan de acción adecuado para mejorar el desempeño. La mejor manera de saber que estás escuchando lo suficiente es registrando qué tantas preguntas haces contra cuántas declaraciones. Si sólo les hablas, entonces estás haciendo un monólogo, no una conversación.

Colabora para encontrar una solución. Ya los uniste con éxito a la conversación al escucharlos y entender su perspectiva y emociones. Ahora es momento de encontrar una solución juntos. Colaborar en un acuerdo sobre futuros comportamientos y acciones incrementa el compromiso de los miembros del equipo y, por lo tanto, las posibilidades de que sea constante. Además, hace que los miembros del equipo sientan que pueden acudir a ti para otra conversación honesta si algo en el plan empieza a ir mal.

Aunque empezamos discutiendo sobre la retroalimentación en el contexto positivo, lo ideal es dar críticas de manera regular (no sólo cuando se observan comportamientos negativos). Si revisas con regularidad, entonces tienes oportunidades de ofrecer retroalimentación de manera más efectiva. Del mismo modo, supervisar de manera regular también aumenta las probabilidades de descubrir problemas de proceso a tiempo.

Gestionar el desempeño es uno de los aspectos más importantes al dirigir desde cualquier lugar, pero también uno de los más difíciles para líderes nuevos de equipos remotos. Sin la habilidad de notar cuándo la gente se presenta a trabajar y cuánto tiempo se queda, muchos gerentes sienten que no pueden medir el desempeño de alguien. La buena noticia es que, de todos modos, esos aspectos nunca captan el verdadero desempeño individual. En vez de eso, los líderes inteligentes se enfocan en el resultado, no en la actividad, y hacen que la gestión del desempeño se trate de monitorear el progreso en función de los resultados y de remover cualquier obstáculo que se encuentra en el camino.

REGLAS PARA LÍDERES REMOTOS

Hay muchas partes móviles que registrar cuando se gestiona el desempeño, en especial cuando se hace a través de la confianza y autonomía y no a través de órdenes y control. He aquí una revisión rápida de nuestras reglas para líderes de equipos remotos:

- Enfócate en el resultado, no en la actividad.
- Establece objetivos de manera mutua.
- Estén de acuerdo en la intención.
- Reduce el rango de tiempo.
- Supervisa de manera personal y regular.
- Revisa a diferentes personas de formas distintas.
- Comunícate con el equipo.
- Separa los problemas de proceso de los personales.
- Da retroalimentación clara y constructiva.
- Enfócate en el impacto detrás de las acciones.
- No sólo hables, escucha.
- Colabora para encontrar una solución.

Y si buscas herramientas que te ayuden a implementar estas reglas sobre la gestión del desempeño con tu equipo, puedes obtener varios recursos como plantillas, hojas de trabajo, videos y más en davidburkus.com/resources (disponibles sólo en inglés).

9

MANTENER EL COMPROMISO

Una idea común y errónea sobre dirigir equipos remotos es que es más difícil mantener a los empleados comprometidos. Durante décadas, compañías que trabajan de forma presencial han confiado en gratificaciones de oficina como comida gratis, futbolitos, incluso guarderías o lavanderías para mantener a su gente concentrada y motivada. Pero en realidad la capacidad de trabajar de manera remota con frecuencia aumenta la motivación y concentración de los empleados de manera significativa. Para los trabajadores remotos, el compromiso no se trata de hacerlos trabajar más duro, sino de ayudarlos a que no se agoten y limiten sus distracciones.

Durante la mayor parte de su carrera, Mike Desjardins trabajó para reducir el agotamiento y mejorar la experiencia laboral de la gente. De hecho, por eso empezó su compañía de desarrollo de liderazgo remoto ViRTUS.

"Empecé este negocio porque me agoté… para ser más específicos, me desmayé", explicó Desjardins.[1] Tenía 26 años y, según se dice, una exitosa carrera vendiendo productos para el tratamiento de agua. Pero le estaba pasando factura. Largas horas, muchos viajes y una necesidad de estar "siempre disponible" para cumplir el pedido de un cliente que significaban poco tiempo para descansar y recargar energía. En 1998, en un viaje de negocios en La Jolla, California, Desjardins se despertó temprano para alistarse. Se levantó de la cama y se desmayó tres veces. Cuando vio lo que sucedía llamó a sus colegas para pedirles que cancelaran todas sus reuniones de ese día. Se tardó los siguientes tres días sólo en empezar a sentirse normal otra vez. Le llevó seis meses más procesar lo que había sucedido y salirse del trabajo que le absorbía toda la fuerza.

Pero hizo el cambio y comenzó ViRTUS para tomar el control de su carrera y (con suerte) de su vida. En sus primeros años, la compañía no era remota. La ubicación de la oficina física hacía más fácil poner límites entre trabajo y vida, y Desjardins estaba firme sobre respetar esos límites para él y para su equipo. De hecho, siguieron creciendo y consumiendo más y más espacio de oficinas, cambiaron de ubicación tres veces en los primeros nueve años. En el verano de 2009 aprendió de un amigo emprendedor sobre cómo manejar toda la compañía de manera remota y se dio cuenta de los costos que ahorraría y los beneficios para todos los del equipo si se cambiaban a un trabajo a distancia. En el otoño de 2009 dieron el salto y se hicieron remotos. Y en 2010 su crecimiento explotó. En esos meses firmaron acuerdos de desarrollo de liderazgo con varias compañías grandes en todo Canadá, desde las firmas más grandes de telecomunicaciones hasta una de las mayores cadenas de restaurantes. El tamaño de estos contratos significaría que necesitarían más gente y, en el pasado, rentar más espacio de oficina y viajar por todo el país. Pero como ya eran remotos, pudieron crecer sin preocuparse por ninguno de esos detalles.

Todavía tienen una pequeña oficina en Vancouver, pero en su mayoría es para guardar proyectores, kits de asesoramiento y otros suministros. Desjardins incluso se refiere a ella como un almacén de alto nivel. Y, aunque convertirse en una compañía remota ayudó a facilitar el servicio al cliente (y les ahorró un montón de dinero en renta), también dejó la puerta abierta para un viejo conocido en la vida de Desjardins: el agotamiento.

Pero esta vez no sólo era Desjardins. Era toda la compañía. Pronto se dio cuenta de que trabajar de manera remota llevaba a la mayoría de su gente a trabajar más *duro* cada día. Sin una ubicación física que pusiera un límite entre empleo y vida, todos en la empresa se sentían tentados a laborar más duro y durante más tiempo. "No tomaban descansos. No comían. Contestaban correos a todas horas del día —dijo—. Y de repente todos nuestros días laborales eran de 12 horas. En los primeros seis meses después de empezar a trabajar de manera remota, toda la compañía se agotó."

Pero esta vez Desjardins era más hábil para reconocer las señales, así que nadie se desmayó. El cambio a trabajo remoto amenazó su misión de construir una empresa libre de agotamiento, pero su experiencia le ayudó a tomar acciones con rapidez. Él y algunos de los asesores de desarrollo de liderazgo en el personal cambiaron su atención de los clientes hacia la propia compañía. Entrevistaron a la mayoría de los empleados de veintitantos años y pronto descubrieron el problema *y* la solución. Necesitaban establecer mejores límites y dar expectativas más realistas y normas de equipo.

La compañía en conjunto tomó medidas drásticas. Establecieron la expectativa de que las personas debían estar atentas durante horarios laborales normales en su zona horaria y en ninguna otra hora. Eso significaba que esperaban que su gente no respondiera en las noches ni en fines de semana. También significó entrenarlos para activar la función de "no molestar" en sus teléfonos después de las horas laborales y marcar cuando estaban y cuando no en sus computadoras en el sistema interno de la compañía.

Además, significó entrenar a sus clientes en expectativas razonables para trabajar con *ellos* y en sus propias compañías. "Recuerdo cuando nos pusimos serios con los límites, uno de nuestros clientes programó una reunión durante la hora de la comida —comentó Desjardins—. Era una compañía que mandó a miles de sus empleados a casa con celulares y laptops y les dijo que ahora trabajarían a distancia. Luego empezaron a programar videoconferencias a la hora de la comida." Así que Desjardins y su equipo se conectaban a la videollamada con su comida. Al principio los miembros de la compañía del cliente estaban confundidos, pero de manera rápida Desjardins habló: "Ustedes programaron la llamada durante el almuerzo, así que trajimos nuestra comida. ¿Por qué no van por la suya y todos comemos mientras hablamos?" Muy pronto el cliente dejó de solicitar conferencias a medio día.

Con otro cliente, el equipo de ViRTUS se dio cuenta de que los empleados ponían reuniones consecutivas sin ningún mediador. Entonces, cuando programaban una reunión con el cliente, hacían una agenda 15 minutos más corta que el tiempo programado. Terminaban cada reunión con un: "Bueno, terminamos con la agenda, así que supongo que tienes 15 minutos más en tu calendario". Tomó algunas semanas, pero el cliente notó el patrón y le preguntó al respecto. "Al final no era por los 15 minutos. Queríamos que aprendieran a darse un descanso. Y pensamos que teníamos que mostrarlo primero", dijo Desjardins.

Al liderar una compañía remota y trabajar con otras empresas a distancia, Desjardins ha estado al frente en la batalla contra el agotamiento en la mayor parte de los 20 años de existencia de ViRTUS. Así que ha visto una y otra vez, lo que sorprende a tantos líderes que hacen la transición al trabajo remoto. La gente que labora desde casa no es menos productiva. No tienes que trabajar más duro para mantenerlos comprometidos y motivados. De hecho, con frecuencia son *más* productivos y comprometidos que sus contrapartes presenciales. Comprometer a tu equipo remoto se trata de asegurarte de que no están trabajando *demasiado.* De otro modo el agotamiento es inevitable. Comprometerse se trata de ayudarlos a desarrollar un patrón o disciplina que los mantenga productivos y sanos.

Esta disciplina también se vuelve de vital importancia cuando los trabajadores remotos se enfrentan a equilibrar diferentes esferas de su vida, como se señala en un estudio publicado por Dave Cook.[2] El estudio encuestó a 16 trabajadores remotos (de los más remotos), a los que Cook llamó *nómadas digitales*. Eran personas que buscaban espacios de *coworking* en destinos turísticos populares (pero de bajo costo, sobre todo en y alrededor de Tailandia). Cook no sólo creó una simple encuesta. En su lugar, construyó un grupo de nómadas digitales y los siguió durante más de cuatro años. Descubrió que estos trabajadores remotos batallaban en las primeras semanas de trabajo por algo que llamó la *trampa de libertad*. Con la capacidad de hacer lo que quisieran, en el momento que desearan, esos *freelancers* itinerantes fracasaban en el desarrollo de la autodisciplina requerida para ser efectivos en el trabajo y usar de manera eficaz el tiempo libre para recuperar energía. Dado que podían trabajar en cualquier lado y en cualquier momento, trabajaban en todos lados y todo el tiempo, lo que estaba bien al principio, hasta que se agotaban. Por fortuna, muchos de los trabajadores remotos que siguió, con el tiempo, desarrollaron la disciplina. Pero la lucha era real (y tomó tiempo).

Cuando examinas toda la investigación sobre mantener a los trabajadores remotos comprometidos, la ruta para el trabajo remoto efectivo implica dos zanjas anchas y profundas a cada lado del camino: si te inclinas mucho de un lado corres el riego de que la gente caiga en el agotamiento, pero si te inclinas mucho al otro lado las personas se arriesgan a demasiadas distracciones en una línea borrosa entre el trabajo y la vida. Así que en este capítulo examinaremos las maneras en que los líderes de equipos remotos pueden ayudar a su gente a evitar caer en cualquiera de las dos zanjas. Veremos la investigación sobre ambos fenómenos y te daré algunas estrategias prácticas para evitar el agotamiento y limitar las distracciones.

Ah, y una nota rápida: estas sugerencias no van dirigidas a tu equipo, van dirigidas a ti. Si mandas correos a todas horas, tu gente pensará que también debe hacerlo. Si no haces un esfuerzo deliberado para limitar las distracciones, entonces tu gente tampoco lo hará. Así que modela el camino primero y después ayúdalos a encontrarlo.

Evita el agotamiento

Durante décadas, muchas personas en el mundo corporativo en Estados Unidos hicieron chistes de que trabajar desde casa era sinónimo de *no trabajar*. Pero esos chistes no reflejan la realidad experimentada por muchos trabajadores remotos. Con más frecuencia que *no trabajar*, laborar a distancia lleva a trabajar de más y a agotarse.

En un estudio en el que participaron más de 700 trabajadores remotos dentro de tres organizaciones, las investigadoras Clare Kelliher y Deirdre Anderson, de la Universidad de Cranfield, en Inglaterra, descubrieron que los empleados remotos ponen esfuerzo extra sólo porque trabajan a distancia.[3] Las personas encuestadas sentían que su empleador les había hecho un favor al darles condiciones de trabajo flexibles (aunque si has leído hasta aquí sabes que no es exactamente un favor darles a los empleados algo que los ayude a desempeñarse mejor). Para compensar esto, los trabajadores remotos intensificaban sus esfuerzos en el trabajo. Esto se daba en diferentes formas: trabajando más horas, cambiando horarios, haciendo tareas durante lo que se supone que sería tiempo familiar, incluso seguir trabajando cuando tenían una enfermedad que los habría alejado de una oficina tradicional. De cualquier modo, los resultados fueron los mismos: los empleados casi siempre trabajaron más duro de lo que planearon al principio o de lo que acordaron. Y trabajar más horas, con menos distinción entre horario laboral y tiempo de descanso... es la ecuación para el agotamiento.

Por fortuna, esa ecuación se puede revertir. Como los nómadas digitales en el estudio de Cook, sólo necesitas desarrollar un poco de disciplina.

ESTABLECE HORAS "LABORALES". No tiene que ser el horario normal de nueve a seis. Pero hay beneficios muy reales al trabajar cuando todos los demás lo hacen y abordar un poco más fuera de esos horarios. Aunque la tecnología (y el acceso al correo del trabajo desde tu celular) amenaza con eliminar ese límite incluso para trabajadores tradicionales, los más productivos han desarrollado la disciplina de regresarlo a su lugar. Si quieres mantenerte concentrado y evitar trabajar mucho, necesitas desarrollar un horario fijo para cuando estás trabajando y cuando no. Tienes la flexibilidad de incluir grandes descansos en tu jornada, pero ésa no es razón para no crear un horario y ceñirse a él. Sin estos horarios establecidos, ¿qué evita que tengas una idea a media película y saques la laptop para trabajar las siguientes tres horas? En vez de eso, haz lo que harías normalmente para captar la idea y regresar a ella cuando la oficina *abra* al día siguiente. Quizá todavía recibas notificaciones fuera de tus *horarios laborales*, pero tener una rutina establecida te hará más propenso a dejarlas pasar y responder la siguiente ocasión que estés en el *trabajo*. De la misma manera, asegúrate de saber los horarios de todos los demás de tu equipo para que los respetes.

Desarrolla un ritual para después de trabajar. A veces, además de establecer un horario fijo, necesitas establecer un buen ritual que señale que es momento de terminar el día. Puede ser limpiar tu bandeja de entrada (buena suerte con eso) o programar horarios para el día siguiente cuando vayas a abordar tareas pendientes. O podría ser una frase o afirmación especial. Mi amigo Cal Newport, un escritor brillante, tiene una genial. Al final de cada día laboral revisa su lista de tareas y su programa de las siguientes dos semanas para asegurarse de que haya un plan para cumplir cada tarea, después apaga su computadora y dice estas palabras mágicas: *Cierre de programa... completado.*[4] "Ésta es mi regla —explicó Newport—. Después de decir la frase mágica, si aparece en mi mente una preocupación relacionada con el trabajo, siempre la contesto con el siguiente proceso mental: *1)* Dije la frase de cierre. *2)* No habría dicho esta frase si no hubiera checado todas mis tareas, mi calendario y mi plan semanal y hubiera decidido que todo estaba guardado y bajo control. *3)* Por lo tanto, no hay necesidad de preocuparse." Esa paz mental es el punto final de un ritual para después de trabajar, incluso si suena tan simple como el mantra de Newport.

Cambia de dispositivos cuando cambies de modo. En mi primer empleo real después de la universidad me dieron una laptop de la compañía.

Era lenta y pesada y siempre había rumores sobre ser *observado* a través de malvados programas. Pero como todavía tenía mi *notebook* de la universidad, seguí usándola para todas mis tareas personales. Tener que cambiar dispositivos al final del día no era una carga, era una bendición. Todavía mantengo esa bendición gracias a los dispositivos móviles. Tengo un *smartphone* con correos y aplicaciones relacionados con el trabajo y una tableta sólo para redes sociales personales y entretenimiento. Mi ritual cuando termino de trabajar implica subir las escaleras a la estación de carga y cambiar dispositivos. Siempre podría regresar al trabajo volviendo a cambiar de dispositivos, pero tener que caminar a otra habitación evita que lo haga (la mayoría del tiempo). Si trabajas desde tu computadora personal y no quieres otra, entonces considera crear dos usuarios diferentes en el sistema operativo. Después cierra sesión con Yo@trabajo e inicia sesión con Yo@no trabajo.

SAL. Esto aplica cuando tomas descansos o en las horas antes y después de trabajar. Asegúrate de tomar el tiempo para salir a la naturaleza disponible cerca de tu ubicación. La investigación demuestra, constantemente, que los descansos más restauradores son en esos espacios porque no sólo te dejan más recuperado, también te hacen sentir feliz.[5] Hay algo en acercarse a árboles, plantas, ríos o cualquier cuerpo de agua que tiene un efecto poderoso en la capacidad de la mente para descansar.[6] Tomar un paseo afuera puede sonar como lo opuesto a lo que quieres hacer cuando estás cansado, pero un paseo rápido en un parque cercano o una vuelta de 20 minutos en tu bicicleta de montaña hará que te sientas mucho mejor que tirarte en el sillón para ver un episodio de *Friends* por séptima vez. De hecho, si todavía no me crees, está bien. Un estudio reciente incluso demostró que la gente subestima de manera rutinaria lo feliz que se sentirá después de tomar un paseo por la naturaleza cercana.[7] Así que, cuando sientas que tu nivel de estrés aumenta o que tu energía decae, no tomes más café. Toma unos minutos de aire fresco.

Ya sea que adoptes estas prácticas específicas en tu rutina o desarrolles las tuyas, lo importante es decir cuándo es suficiente y enfocarte en otros elementos en tu vida. Laborar desde casa facilita que el trabajo se convierta en tu vida. Pero un tiempo lejos del trabajo hace que éste sea mejor y, a veces, *no* trabajar es lo más productivo que puedes hacer para ti a largo plazo.

Limitar distracciones

Del otro lado del camino hay una zanja que nos lleva a no trabajar: distracciones. Es importante decir por adelantado que las distracciones no son específicas del trabajo remoto. De hecho, es probable que las oficinas presenciales sean un espacio *más* distractor que una oficina en casa o un café (en especial si la oficina es abierta, con grandes mesas en vez de escritorios y sin lugares asignados). Pero todos los espacios de trabajo vienen con minas terrestres accidentales hechas para destruir tu concentración.

También vale la pena notar que no todas las distracciones se crean igual. Algunas distracciones ocurren debido a los descarrilamientos naturales que vienen con el trabajo remoto (como la familia y amigos interrumpiendo). Pero otras pueden ser un indicador de que tu trabajo no es lo suficientemente cautivador o que no está bien definido. Si trabajas desde casa y observas una pila de correos sin saber cómo responder, es muy fácil *darse cuenta* de que necesitas revisar tus redes sociales. (Esto también pasa en la oficina, sólo pide a la persona de sistemas un reporte de cuánto ancho de banda se usa para Facebook y YouTube cada día.)

Pero hay algunas cosas que puedes hacer para limitar los distractores generales y hacer más débil la tentación de alejarse del trabajo por un *segundo rápido*. Y como tal vez ya lo hayas visto, es raro que ese *segundo rápido* sea rápido o sólo un segundo. Aquí hay algunas tácticas comprobadas que puedes intentar:

CONSTRUYE LÍMITES TRABAJO/VIDA. Establecer límites entre trabajo y vida irá de la mano para limitar distracciones. En las viejas costumbres laborales, ir al trabajo era en sí un ritual diario de cruzar límites físicos. El acto de salir de casa y subirse al auto o a al metro para ir a la oficina ayuda a cambiar nuestra mente para las tareas futuras. Ahora con la distancia entre casa y trabajo medida en pasos, no en kilómetros, es más difícil establecer límites físicos. Pero eso también lo hace aún más importante. Crear diferentes *zonas* en el hogar donde se realiza el trabajo y donde no, ayuda a desarrollar límites mentales que restringen las distracciones. (Esto también significa cambiar tu pijama por tu *pijama de trabajo* antes de empezar a trabajar.) Si es imposible construir estos límites dentro de tu hogar, considera unirte a un espacio de *coworking* para trabajar solo con docenas de personas que necesitan la misma separación física para ser lo suficiente disciplinadas para evitar tentaciones. Antes de mudarme a una casa con una verdadera oficina tenía una membresía en un *coworking* local y llegaba con mi laptop cargada y sin cargador. Debía mantenerme concentrado, ya que tenía el tiempo limitado antes de que mi batería se agotara. Después iba a casa a cargarla y trabajaba en cosas menos demandantes. Nunca ha habido más espacios de *coworking* disponibles, pero tampoco más opciones en términos de otros locales que aceptan (incluso atienden) a trabajadores remotos. Desde cafés y restaurantes hasta parques públicos y librerías, hay innumerables opciones para ir *a otro lugar*.

ESTABLECE LÍMITES CON LAS PERSONAS. Todas las barreras físicas del mundo no importarán si la gente en tu vida no las respeta. Amigos, familia y, en especial, los niños son propensos a pensar que los días que trabajas desde casa sólo estás ahí disponible para ellos. Si estableces una rutina regular, deja claro que deben considerar que estás ocupado y que las solicitudes en ese tiempo tienen un *no* predeterminado. Si eso suena riguroso, puedes adoptar la regla del *descanso para almorzar*, di que sí a las solicitudes en tu tiempo sólo si se pueden realizar en un descanso para almorzar en un trabajo de oficina. ¿Recoger la ropa de la lavandería? Sí. ¿Hacer la despensa de toda la semana? No. Si tienes un lugar físico para trabajar, deja claro cuándo la gente es bienvenida y cuándo no. La herramienta más productiva en nuestro hogar es un letrero de unos dos dólares que dice NO MOLESTAR que traje de la puerta de mi oficina. Tomó un tiempo enseñar a nuestros dos chicos a respetar tres pistas visuales. Si mi puerta está abierta, son bienvenidos. Si está cerrada, primero deben tocar y decirme lo que quieren. Y si el letrero rojo está en la puerta deben darse vuelta y regresar escaleras arriba.

AGRUPA TUS TAREAS. Una de las formas más fáciles para que los distractores se arrastren sobre nosotros es cuando tenemos poca estructura en nuestro día. Podrías trabajar en cualquier número de proyectos, pero por alguna razón estás en Wikipedia aprendiendo sobre ranas o sobre la Batalla de Nueva Orleans. Para evitar esto, piensa en tu día (o en tu semana) como bloques de tiempo donde sólo determinadas tareas se realizan en ciertos tiempos. Esto podría significar que los primeros 90 minutos de cada día se usan para correos y comunicación, luego, después de un descanso natural, los siguientes 90 minutos se usan para enfocarse en proyectos grandes. Después del almuerzo es tiempo de reuniones: ya sean grupales o para que otros compañeros de equipo te hagan preguntas. Incluso podrías crear *días temáticos* en los cuales todo el enfoque de ese día sea un proyecto específico; el siguiente día se reserva para reuniones; el siguiente para revisar y dar retroalimentación a tu gente; etc. Quizá aún termines con algunas tareas en las que debas trabajar cuando comience el bloque de tiempo, pero al menos ya redujiste las opciones… y navegar en Wikipedia no es una de ellas.

Tal vez estas tácticas no creen un muro impenetrable entre tú y las distracciones, pero al menos las reducirán, te mantendrán más enfocado en el trabajo y (con suerte) te ayudarán a laborar menos horas y hacer más.

Mantener a tu gente y a ti comprometidos es una prioridad constante para cualquier líder. Todos tropiezan de manera ocasional cuando recorren el estrecho camino entre el agotamiento y la distracción. Pero si pones algunos barandales y alientas a tu gente a hacer lo mismo, serás capaz de incrementar las probabilidades de que ellos se mantengan productivos *y* saludables durante el viaje.

REGLAS PARA LÍDERES REMOTOS

Hay mucho que puedes hacer para ayudar a mantener a tu equipo comprometido, pero empieza por ti. He aquí una revisión rápida de nuestras reglas para líderes de equipos remotos:

- Establece horas *laborales*.
- Desarrolla un ritual para después de trabajar.
- Cambia de dispositivos cuando cambies de modo.
- Sal.
- Construye límites trabajo/vida.
- Establece límites con las personas.
- Agrupa tus tareas.

Y si buscas herramientas que te ayuden a evitar el agotamiento y eliminar las distracciones con tu equipo, puedes obtener varios recursos como plantillas, hojas de trabajo, videos y más en davidburkus.com/resources (disponibles sólo en inglés).

10

DECIR ADIÓS

Incluso los mejores equipos remotos cambian con el tiempo, los compañeros cambian de grupo (o compañía) y los líderes siguen adelante. Parte de preparar a tu equipo remoto para el éxito es ayudarlos a decir adiós, no sólo para que la gente que se queda siga comprometida, también para que todos estén mejor preparados para nuevos equipos y compañeros.

Nadie le dijo adiós a Laura Gassner Otting en su último día como CEO de Nonprofit Professionals Advisory Group (NPAG).[1] Pero para ser justos, pasó cinco años preparando al equipo para su partida.

Gassner Otting inició la compañía con una intensa misión (una en la que el trabajo remoto jugaría un gran rol). Había tenido una exitosa carrera en una de las firmas de búsqueda de ejecutivos sin fines de lucro más respetadas del país. Pero algo la seguía molestando. "La mayoría de las empresas de búsqueda de ejecutivos cobra un tercio de compensación en efectivo por una colocación exitosa —explicó Gassner Otting—. Eso significa que si buscara un vicepresidente para una gran fundación que paga 300 mil dólares, yo podría obtener 100 mil. Pero si se trata de un director de recaudación de fondos para un refugio de violencia doméstica local, que tal vez paga 60 mil dólares, obtendría 20 mil. El problema es que esta búsqueda es mucho más difícil que la primera… y esas organizaciones sin fines de lucro necesitan más de nuestra ayuda."

Frustrada porque la industria había creado incentivos que no se alineaban con sus valores, Gassner Otting se lanzó por su cuenta para hacer búsquedas impulsadas por la misión de los clientes a los que quería ayudar. Eso significó cortar gastos de donde pudiera. Y el espacio para oficina era un costo fácil de cortar. En la mayor parte del mundo de búsqueda de ejecutivos, las firmas buscan grandes oficinas en partes muy valoradas de la ciudad, pero pocas veces las usan para interacción con el cliente. "¡La única cosa que pasó en la oficina fue que el equipo se unió! —exclamó Gassner Otting—. Si me encuentro con clientes, los veo en sus oficinas, porque queremos entenderlos a ellos y su cultura. Y si me encuentro con posibles candidatos, me reúno en lugares neutrales como *lobbies* de hoteles o cafeterías, porque ningún ejecutivo quiere que lo vean entrando a las oficinas de una firma de búsqueda." Gassner Otting no podía justificar el pago de una oficina costosa. Así que no lo hizo. Comenzó a trabajar desde casa y mientras la compañía crecía y contrataba más gente, les pedía que hicieran lo mismo.

"Nos deshicimos de enormes gastos generales. Esto nos permitió servir a los clientes que más necesitaban nuestra ayuda. Lo logramos al ser todos remotos", reflexionó.

En la siguiente década NPAG creció de sólo ella a un equipo de 23 personas, todos trabajando de manera remota. Construyeron una cultura fuerte a pesar de estar a la distancia y obtuvieron importantes ganancias, desde colocaciones en grandes fundaciones notables hasta en pequeños equipos impulsados por esa misión de ayudar.

Ganaron tanto que Gassner Otting comenzó a aburrirse. No por el impacto, sino porque estaba ansiosa por un reto diferente. (Fuera de su trabajo también es remera, maratonista, activista y madre de adolescentes, así que se puede decir que la impulsa lo nuevo y el cambio constante.) Su primer deseo de seguir adelante sucedió cerca de la marca de los 10 años, en ese punto empezó a tener conversaciones con su socia sobre sus intenciones y también sobre qué tan preparada se sentía para liderar la firma. Muy pronto se dio cuenta de que preparar a su equipo para su partida sería un reto. Mientras buscaba nuevas oportunidades, para ella era claro que la firma también se beneficiaría de un nuevo tipo de liderazgo. Muchos en la compañía necesitaban aprender que la manera en que siempre había funcionado todo no era la forma en que siempre sería. Necesitaban tener la confianza en ellos de que podían hacer el trabajo (y hacerlo bien) sin la fundadora cuidándolos. Pasó varios años planeando su salida. El último año se concentró en preparar a su socia para convertirse en la nueva CEO y a otros para subir en la cadena de mando, confeccionando cada aspecto de su partida con un ojo hacia qué tan bien estos nuevos líderes se desempeñarían en sus nuevos roles.

"Me tragué mi orgullo —recordó Gassner Otting—. No se trataba de mí y de mi partida. Era sobre sus ascensos. Incluso en el comunicado de prensa, el hecho de que abandonaría la empresa estaba tan enterrado que contábamos con que la gente no se daría cuenta." Y hasta cierto punto no lo hicieron. Han pasado años desde que se cambió a una carrera en la escritura y las conferencias, pero todavía recibe llamadas sobre si su empresa debe ser contratada o no para hacer una búsqueda.

Para Gassner Otting el hecho de que nadie en su propia firma dijera algo en su último día era la mejor señal de que los había preparado para la salida perfecta. Claro, con el tiempo todos se contactaron con ella para despedirse de manera formal. Pero para la compañía el último día fue el primero de su plan de transición, y era ahí donde recaía su atención. Justo como lo había hecho para tantas pequeñas organizaciones sin fines de lucro impulsadas por una misión, entregó a su organización una excelente líder nueva, una con la que todos estaban emocionados por comenzar a trabajar de inmediato.

Decir adiós nunca es fácil, incluso si eres tan hábil como Gassner Otting después de dos décadas de ayudar a ejecutivos a gestionar las fases de transición de su mandato. Así que en este capítulo hablaremos de cómo decir adiós en dos escenarios comunes: decir adiós a un compañero de equipo y decir adiós al equipo. (Ah, para cerrar el libro con broche de oro, estamos suponiendo que ambos finales son en buenos términos. Si necesitas ayuda para despedir a un trabajador remoto, encontrarás información en el apéndice B, "Preguntas adicionales de líderes remotos".. ¡Con suerte nunca tendrás que revisarlo!)

Decir adiós a un compañero de equipo

Cuando los compañeros anuncian que se van siempre es agridulce.[2] Estás feliz de que hayan encontrado una oportunidad nueva y emocionante, pero triste porque la oportunidad no es contigo y tu equipo. También es raro. En equipos presenciales por lo general hay pequeñas pistas que puedes captar. Son más lentos para responder peticiones. Se visten mejor que de costumbre, toman descansos para almorzar en momentos interesantes del día y hacen muchísimas más copias que antes. Después de que avisan que se van con dos semanas de antelación, puede ser raro verlos de vez en cuando para atar cabos sueltos.

En un equipo remoto tienes muchas menos pistas. Y ninguno de esos momentos finales. Pero eso no significa que no debas crearlos. Con mucha frecuencia los líderes remotos hacen de todo cuando los empleados anuncian su salida. Cuando dejé mi trabajo remoto para ir a la escuela de posgrado envié mi notificación dos semanas antes vía correo electrónico (mi error… pero como verás, ése no fue el peor movimiento) y recibí una llamada de mi gerente cerca de una hora después. Muy pronto, durante la conversación, empezó a leer una lista de verificación que parecía una mezcla retorcida de una entrevista de salida y un proceso de divorcio. Cuando me di cuenta de qué estaba leyendo lo interrumpí y le pedí que me mandara la lista por correo.

"Ah, cerramos tu correo hace 37 minutos", contestó.

Me sentí como si hubiera estado con una escolta de seguridad virtual y una caja de cartón. Sólo que esta vez, en vez de una caminata de la vergüenza a través de la oficina, sólo me bloquearon para no hablar con mi ahora antiguo equipo, de seguro por miedo a que dijera algo malo.

En vez de tratar cada salida como una traición y un riesgo de seguridad, los líderes remotos inteligentes saben que necesitan **CELEBRAR LAS SALIDAS.**[3] Y por un par de buenas razones. La primera es que en la era de las redes sociales dejar un trabajo no significa perder contacto con el resto del equipo. Si han trabajado juntos por un tiempo significativo, las probabilidades son que muchos de los miembros del equipo estén conectados a través de canales digitales que no controlas (un lujo que yo no tenía hasta algunos años después, cuando Facebook abrió para todos). La segunda es que la gente verá cómo tratas a los empleados que se van. Y comenzarán a imaginar que los tratas igual. Para asegurarte de que ningún elemento sea contraproducente (y porque, siendo honestos, es lo correcto), he aquí cómo se responde con gracia y celebración cuando un miembro del equipo anuncia que se va:

Primero, **MUESTRA APRECIO Y EMOCIÓN.** Tu reacción humana natural puede ser sentirte un poco traicionado, pero intenta enfocarte en cuánto aprecias su esfuerzo y cuánto te emociona su futuro. Una mentalidad útil para adoptar es la de un profesor universitario o un decano hablando en una graduación. Todos tus compañeros algún día serán exalumnos de tu compañía y de tu equipo, ¿no preferirías que recordaran con cariño el tiempo que pasaron ahí y se sintieran orgullosos del trabajo que realizaron? En especial, esto aplica cuando sientes que su razón para buscar un nuevo empleo fue una decepción con su equipo. Ahora no es el momento de intentar *ganar* en la mente de nadie. Más bien es momento de concentrarse en los puntos álgidos, con la esperanza de terminar la relación de manera amigable.

Después, **PREGUNTA CÓMO *QUIERE* MANEJAR EL ANUNCIO.** A menos que tu departamento legal te obligue, no cierres su correo y le digas a tu equipo lo ocurrido días después, en la siguiente reunión. En su lugar, planea un tipo de ceremonia de graduación. Quieres crear un evento en la mente de todos que signifique el punto final y asegurarte de que los empleados graduados lo recuerden. Al mismo tiempo, todos tienen diferentes niveles de confort cuando se trata de estas situaciones. No asumas que todos quieren una videollamada en la que lleven su propia rebanada de pastel. Tal vez prefieran escribir un correo para todo el equipo. Respeta sus preferencias tanto como puedas (aunque tengas que quebrantar algunas reglas). Al mismo tiempo, asegúrate de buscar alguna manera de que el resto del equipo también muestre su aprecio y emoción.

Luego, PREPARA TUS COMENTARIOS. Aunque ya sepas de la partida desde antes, cuando se haga el anuncio tu equipo estará al pendiente de tu respuesta y observando tus señales. Así que ordena tus pensamientos con anticipación. Otra vez expresa aprecio y emoción. También podría ser el momento de componer tu punto de vista de que las salidas son menos una traición y más algo para celebrar, como una graduación (aunque hayas adoptado ese punto de vista hace dos párrafos). Lo que no debes hacer es no decir nada o parecer que batallas por encontrar las palabras correctas, pues eso podría ser interpretado como una dificultad para decir algo bueno.

Por último, PLANEA LOS DETALLES. Tal vez tu compañía ya tenga políticas y listas de revisión para encargarse de asuntos logísticos como dar de baja usuarios, contraseñas y recoger cualquier propiedad de la compañía. Pero asegúrate de saber cuál es ese plan y comunicarlo, de preferencia antes de hacer el anuncio a todo el equipo, pero si no se puede, justo después. No quieres terminar como un gerente remoto que conocí, cuyo disgustado empleado manejó el carro de la compañía ocho horas al aeropuerto de Chicago, lo dejó en un estacionamiento público y tomó un vuelo para regresar a casa. Sólo porque su gerente le pidió "laptop y llaves" en la entrevista de salida y no mencionó el carro, así que decidió hacer una declaración en su partida.

Si trabajas para una organización grande, éstos no son los únicos pasos que tendrás que seguir. El jurídico siempre será meticuloso. Pero éstos serán los detalles que verá tu equipo, que formarán su impresión sobre ti como su actual gerente y cómo imaginan que será su relación si un día deciden salir también. Por muchas de las mismas razones, hay algunas cosas que tendrás que planear para hacer tu *anuncio de graduación*.

Decir adiós al equipo

Así como de manera inevitable miembros de tu equipo se moverán, es probable que tú cambies de posición en algún momento. Esto puede ser porque decides trabajar en otro lado, te ascienden o te reasignan para liderar otro equipo. Incluso podría ser que tu equipo haya sido dividido y reconfigurado para abordar un proyecto diferente. En cualquiera de estos casos, es probable que haya algunos elementos humanos ignorados cuando el jurídico escribió el manual de procedimiento para líderes *graduados*. Aquí hay algunas formas de traerlos de vuelta:

Prepara tu carta de renuncia. Si de manera voluntaria te estás cambiando a una compañía diferente, la primera persona a la que le tienes que dar la noticia es a tu jefe. Llámalo por teléfono o videollamada para conversar. Es probable que esa conversación termine con la solicitud de un documento escrito, así que prepara esa carta con anticipación. Indica de forma sencilla, pero educada, que renuncias. Además, asegúrate de incluir la fecha de partida. El estándar es de dos semanas a partir del anuncio, pero varía según la industria. Esta fecha puede cambiar. Tu gerente podría pedirte tiempo adicional para ayudar con la transición. O te podrían decir que hoy es tu último día. Lo que sea que pase, no te ofendas. Escoger una fecha de partida no se trata de indicar la fecha ideal, sino de mandar el mensaje de que tu decisión es final.

Ve directo a la conversación. Una vez que termines tu carta busca la conversación. Si es necesario programa la llamada, no quieres prolongarlo y programarlo para unos días después. Es mejor ir al punto para que te consideren sincero y honesto sobre la noticia. Dado que ya hiciste tu carta, ya tienes un formato que seguir cuando des la noticia. Aunque ésta es una conversación menos formal, no tienes que dar una explicación por la que te vas si no quieres. Pero si decides hacerlo, recuerda que éste no es el momento de desenterrar viejos conflictos, sino un momento de expresar gratitud por las oportunidades y experiencias que tuviste trabajando con ellos.

Sé claro con los detalles. Ahora estás del otro lado del proceso que discutimos arriba. Esto significa que hay temas logísticos sobre accesos a la red de trabajo, propiedad de la compañía, programación de una entrevista de salida y un sinnúmero de otras tareas posibles. Ten pluma y papel a la mano durante la conversación para asegurarte de captar todo. Te estás moviendo a algo nuevo, no quieres seguir recibiendo correos de la vieja compañía pidiéndote enviar de vuelta la laptop.

Da la noticia al equipo. Idealmente, el mismo día que informas a tu gerente es momento de informar a tu grupo. No tiene sentido retrasar la conversación. Incluso en un equipo remoto, los rumores correrán si renuncias en lunes y esperas a la llamada del miércoles para anunciarles a todos. Si tienes el tiempo y el deseo, considera contactar a algunos miembros del equipo cercanos para darles la noticia de forma más personal. Pero sin importar lo que decidas, controla la historia alrededor de tu salida. Eso significa ser proactivo. Cuando hagas tu anuncio asegúrate de dejar tiempo para mostrar tu aprecio por todo lo que el equipo ha hecho por ti y tu reconocimiento de todo lo que han logrado juntos.

Agrega a tu gerente o al nuevo líder a la llamada. Éste es el final de tu dirección, pero es probable que no sea el final de tu equipo. Si sabes quién va a tomar el rol de liderazgo, entonces invita a esa persona a unirse a la llamada. Como lo hizo Gassner Otting, quieres que se trate de elevar al nuevo líder, no de hacer una declaración final sobre el antiguo. Si no sabes quién es el nuevo líder, entonces invita a tu jefe inmediato para que se una. En muchos casos las políticas de la compañía podrían ser que tu gerente modere la llamada. Y esos supervisores terminan revisando al equipo hasta que se encuentre un nuevo líder. Así que ayuda a tu grupo a conocerlos y a confiar más en ellos.

EXPLICA CÓMO QUIERES SEGUIR EN CONTACTO. En una era digital es probable que esta despedida formal no sea la última vez que hables con tu equipo. Hay un sinnúmero de redes sociales y es probable que tengas múltiples direcciones de correo que usas para diferentes propósitos. Pero no quieres que la gente te envíe mensajes meses después al correo que usas sólo para el *spam* o que te envíe una solicitud de amistad a la cuenta de Facebook que es para compartir fotos de los hijos con tus familiares. Así que esta llamada es el momento de mencionar el método deseado para mantenerse en contacto. Dales la dirección de correo o una red social específica que prefieres usar. (Y mientras estás en este paso, recuerda determinar a qué persona se deben reenviar los mensajes internos e inclúyelo en tu lista de tareas pendientes si tu jefe no lo menciona durante la llamada uno a uno.)

DEJA TIEMPO PARA SOCIALIZAR. Esta llamada es tu mejor oportunidad de decir adiós, así que contempla un tiempo para que el equipo se despida (socializar un poco es una buena forma de dejar el equipo con algo más que la incomodidad de un anuncio formal). Es probable que después tengas unas cuantas conversaciones de seguimiento con miembros de tu antiguo equipo. Pero eso depende de sus sentimientos sobre la llamada. Si el nuevo líder o tu gerente está en la videoconferencia, considera programar tiempo para que platiquen con el equipo sin ti. Esa persona quizá necesita explicar cómo serán los siguientes pasos. Pero si no es así, esta llamada es una oportunidad para que los miembros del equipo procesen la información juntos, incluso también decir hola al nuevo líder.

Decir adiós es horrible. No hay forma de evitarlo. Será emocional y a veces raro. Date un tiempo después de que todo haya terminado.

Tal vez hayas olvidado mencionar algunas cosas (y todavía tienes que enviar de vuelta esa laptop), pero está bien. La mayoría somos malos para decir adiós. Recuerda que, en nuestro mundo interconectado, las despedidas raramente son finales. Son más como "nos vemos luego en LinkedIn o en esa conferencia". Pero eso hace *más* importante manejar la conversación final y formal con gracia y respeto. Una partida exitosa significa cuidar lo que necesita atención específica, pero también asegurarse de que la posibilidad de encontrarse después sea feliz.

REGLAS PARA LÍDERES REMOTOS

Hay mucho que pensar cuando se trata de despedirse, ya sea de un compañero de equipo o del equipo completo. He aquí una revisión rápida de nuestras reglas para líderes de equipos remotos cuando se dice adiós:

Cuando se dice adiós a un compañero de equipo:

- Muestra aprecio y emoción.
- Pregunta cómo quiere manejar el anuncio.
- Prepara tus comentarios.
- Planea los detalles.

Cuando se dice adiós al equipo:

- Prepara tu carta de renuncia
- Ve directo a la conversación.
- Sé claro con los detalles.
- Da la noticia al equipo.
- Agrega a tu gerente o al nuevo líder a la llamada.
- Explica cómo quieres seguir en contacto.
- Deja tiempo para socializar.

Y si buscas herramientas que te ayuden a implementar estas reglas para decir adiós, puedes obtener varios recursos como plantillas, hojas de trabajo, videos y más en davidburkus.com/resources (disponibles sólo en inglés).

Conclusión

¿A dónde vamos a partir de ahora? No de regreso a la oficina

Tulsa Remote es un programa patrocinado por la George Kaiser Family Foundation que incentiva trabajadores remotos para encontrar nuevas raíces en la ciudad de Tulsa, Oklahoma. Durante varios años Aaron Bolzle, el fundador y director ejecutivo, ha dirigido y atestiguado la relación cambiante entre empleados y empleadores. "De manera histórica, el talento iba a donde estaban los empleos —explicó—.[1] Ahora los empleos van a donde está el talento."

Y según se dice, este cambio ha funcionado mejor de lo que se esperaba.

Tulsa Remote comenzó como una forma de probar una nueva estrategia de desarrollo que diversificaría la economía de la ciudad (alguna vez rica en petróleo) y fortalecería su cultura. La idea era simple: en vez de *pagar* a grandes compañías en forma de exención tributaria para mudarse a la ciudad, ¿por qué no pagar efectivo directo a las personas?

Si eres un trabajador remoto y aceptas mudarte a Tulsa por (al menos) un año, la fundación te dará 10 mil dólares por el primer año que vivas y trabajes en la ciudad. Aunque Tulsa Remote no fue el primer programa de reubicación de trabajadores remotos, pronto se convirtió en uno de los mayores proyectos de desarrollo comunitario dirigido, de manera específica, a trabajadores remotos. Además, es de los únicos financiados por una fundación privada en vez de con dinero de los contribuyentes.

Los requerimientos iniciales eran mínimos: los aspirantes debían tener 18 años y ser elegibles para trabajar en el estado para una compañía no ubicada en Tulsa. Pero después de anunciar el programa la organización recibió más de 10 mil solicitudes en las primeras 10 semanas (sólo para 100 lugares en el grupo inicial), así que el proceso de solicitud se tuvo que ajustar con rapidez.

"Quisimos ser muy intencionales sobre quién recibía una invitación", explicó Bolzle. Él mismo es un *boomerang* tulsano que pasó tiempo trabajando en Nueva York y San Francisco antes de regresar a su ciudad natal y ver cómo había crecido en su ausencia. En vez de ofrecer efectivo a trabajadores tecnológicos que buscaban un costo de vida más bajo, Bolzle y el equipo de selección se concentraron en encontrar grandes personas de todos los ámbitos de la vida que hicieran todo tipo de trabajos, pero que quisieran la misma cosa. "Se trata de identificar personas que buscan una calidad de vida diferente y tener un impacto positivo en la comunidad a la que se unirán." Bolzle y su equipo hicieron extensas entrevistas para determinar quién estaba más dispuesto a tener ese impacto y unirse de verdad a la comunidad.

Del grupo inicial, la mayoría se quedó pasado el año. Cerca de un tercio de ellos compró casa. Incluso después de que la novedad desapareciera, comentarios sobre el programa continuaron esparciéndose a través de la mayor comunidad de trabajadores remotos. Tulsa Remote dio 250 invitaciones para el segundo grupo (de un número de solicitudes igual de grande) y ahora tiene planes de expandir el tamaño de manera dramática para futuros grupos. Aunque la intención del programa es llevar más atención y desarrollo económico a una ciudad ignorada con frecuencia, Bolzle y su equipo observaron lo más de cerca posible (y de alguna manera ayudaron a provocar) el cambio del trabajo presencial al remoto. Ha visto cómo cientos de compañías en diferentes industrias han estructurado sus equipos remotos y ha escuchado a cientos de trabajadores remotos independientes compartir lo positivo y negativo del movimiento.

Y no ve que ese movimiento disminuya pronto.

"La gente se presionó en las grandes ciudades hasta el punto de no querer estar ahí —explicó—. De manera histórica, construimos nuestra vida alrededor del trabajo. Pero el futuro del trabajo es construirlo alrededor de tu vida y, cuando lo haces, puedes recoger tus cosas y moverte a cualquier ambiente que quieras." Y ésa no es sólo su opinión, lo ha visto en datos. Si lo piensas, 10 mil dólares no es tanto dinero. Cubre básicamente el costo de moverse por la mitad del país, por lo que las personas que se unen al programa no lo hacen para maximizar su ingreso (incluso cuando consideras el costo de vida). Más bien lo hacen porque han experimentado el trabajo presencial en edificios de oficinas masivas construidos en ciudades masivas y encontraron toda la experiencia insuficiente. Han tenido que construir su vida alrededor de su trabajo por mucho tiempo y lo odian.

Quieren algo más. Y Tulsa Remote les ofrece una oportunidad de probar ese algo diferente.

Ni Bolzle ni nadie más pudo predecir que, apenas dos años después de pagarle a la gente por experimentar con el trabajo remoto en una ciudad nueva, gran parte del mundo se vería forzado a un experimento similar. Las compañías que resistieron el movimiento del trabajo remoto durante tanto tiempo se vieron obligadas a ceder. Los líderes que sentían que era muy complicado o se preocupaban mucho por perder productividad se vieron obligados a probarlo por una pandemia viral. Y conforme llegaban los resultados del experimento, parecían tan prometedores como la iniciativa Tulsa Remote.

Después de probar la vida en equipos remotos, mucha gente no quiere regresar. Y los líderes de las compañías están presionados por encontrar una razón para llamarlos de vuelta. Las pocas empresas que traigan a todos de regreso se llevarán una sorpresa cuando muy pocas personas quieran hacerlo. Al menos no regresar por completo. Mucha gente ha tenido la oportunidad de reconstruir su vida y de tener una perspectiva sana de dónde encaja el trabajo en su vida, que rara vez está en el centro. Y ese arreglo les gusta mucho más.

Es seguro decir que el futuro de la oficina no será un lugar donde trabajar. (Y seamos honestos: la oficina no ha sido un buen lugar para realizar un trabajo enfocado durante mucho tiempo.) En la mayoría de los casos, todavía habrá oficinas. Pero serán mucho más pequeñas, con más espacio para colaborar y reuniones y menos espacio para cubículos individuales.

Como vimos a lo largo de este libro, la flexibilidad añadida que ofrece el trabajo remoto no ha sacrificado la productividad. Incluso antes de vernos obligados a probarlo, la investigación ya apoyaba ofrecer a los empleados la flexibilidad de trabajar desde cualquier lugar. Como demostró un estudio de Gallup en 2020, los empleados más comprometidos sólo iban a la oficina uno o dos días a la semana. La ausencia fortalece el compromiso (siempre y cuando no sea ausencia total). Y en muchos casos, la ausencia fortalece la cultura de la empresa. Equipos remotos bien liderados pueden trabajar incluso mejor que equipos que están juntos de manera física.

El trabajo remoto es trabajo. No resolverá cada problema que enfrentan los líderes y equipos. Siempre habrá más. Pero los resolveremos juntos. Y lo haremos con las mentes más brillantes de todo el mundo.

Porque los podemos resolver desde cualquier lugar.

Apéndice A
Tecnología para líderes remotos

El trabajo remoto siempre ha dependido de la tecnología, desde los caminos y mensajeros que mantenían al Imperio Romano conectado hasta la mensajería instantánea y aplicaciones de videoconferencias que te hacen pensar que tus compañeros están en la otra habitación. Esas herramientas nunca han sido más accesibles o asequibles de lo que son hoy en día, pero no todas se crean de igual manera. En esta sección veremos qué tecnología es la más útil y cómo usarla de manera eficaz. Ya sea que apenas hayas asumido el liderazgo de un equipo remoto o que estés buscando estandarizar la colaboración, aquí están las herramientas que necesitarás para dirigir a tu equipo.

Gestión de proyecto

Esto (*no* la bandeja de entrada de tu correo) será la base de operaciones para la colaboración en equipo. La aplicación adecuada de gestión de proyectos debería tener la habilidad de asignar y registrar tareas, establecer horarios y plazos de tiempo, compartir documentos, discutir problemas y tomar decisiones. Lo ideal sería que esta herramienta fuera accesible en una computadora y en dispositivos móviles, porque gente diferente en tu equipo tendrá diferentes preferencias.

Recomendaciones: Asana, Basecamp, Monday.com o Trello.

Colaboración de archivos

Aunque la mayoría de las herramientas de gestión de proyecto viene con la capacidad de compartir archivos, muchas no permiten que la gente de verdad colabore en ellos, en especial en tiempo real. Así que tal vez necesites una herramienta para mantener archivos de la compañía y del equipo en un solo lugar, donde todos tengan acceso a la última versión. Esa herramienta también debe tener un historial de revisión de esos archivos (presionar SELECCIONAR TODO + ELIMINAR accidentalmente sucede con más frecuencia de lo que la mayoría quiere admitir).

Recomendaciones: Dropbox, Box o Google Drive.

Administración del tiempo

La administración del tiempo es fundamental y se vuelve más importante con un equipo disperso. Querrás algún tipo de calendario compartido, no sólo para agendar reuniones, también para proteger tu tiempo y para que tus compañeros de equipo sepan cuando no estás disponible. Muchos calendarios tienen opciones para compartir, pero algunos también permiten a la gente programar eventos en los calendarios de los demás. Eso es una gran desventaja, ¿quién quiere entregar su tiempo a alguien más? Por eso los mejores calendarios tienen las *invitaciones* como la opción preestablecida o te sugieren buscar un horario en un conjunto de horas libres predeterminadas de tus compañeros de equipo.

Recomendaciones: Google Calendar emparejado con Calendly para solicitar horarios disponibles.

También recomendado: Cualquier página de zona horaria que puedas utilizar con facilidad.

Comunicación asincrónica

Lo ideal sería que esto lo cubriera tu herramienta de gestión de proyecto. Pero si tu organización depende del correo electrónico querrás asegurarte de que tu herramienta de gestión de proyecto puede interactuar también con el correo electrónico. Mi sugerencia es que entrenes a tu gente para que abandone el correo interno y use la herramienta para toda la comunicación asincrónica.

Recomendaciones: Asana, Basecamp, Monday o Trello. Si el correo es necesario, entonces Basecamp es tu mejor opción.

Comunicación sincrónica

Recuerda: "La comunicación asincrónica es la regla, la sincrónica es la excepción". Por lo que, si escoges una herramienta de chat grupal, asegúrate de que *siempre disponible* no se convierta en una expectativa tácita del equipo. Si necesitas comunicación sincrónica, ya sea uno a uno o con todo el equipo, escoge una plataforma de audio o videollamada. Antes de tomar cualquier decisión final, asegúrate de leer el capítulo 5.

Recomendaciones: Teléfonos… en verdad.

Recomendaciones si te quieres ver a la moda: Slack o Microsoft Teams.

Reuniones virtuales

Cuando hay más de dos personas en una llamada tal vez deberías pasar de audio a video. Las señas visuales facilitan la conversación y minimizan las interrupciones. Lo ideal sería escoger la misma herramienta para videollamadas con grupos pequeños y reuniones grandes. Esta herramienta también debe incluir la capacidad de albergar *salas para grupos pequeños* durante reuniones o sesiones de lluvias de ideas sin tener que pedirle a la gente que salte de una llamada a otra.

Recomendación: Zoom.

Ideación o resolución de problemas

Muchas aplicaciones de videoconferencias tienen herramientas básicas para registrar ideas o visualizar lo que se está discutiendo. Siempre pueden usar un Google Doc y trabajar juntos, pero hay mejores herramientas. Muchas están diseñadas específicamente para que múltiples usuarios remotos registren sus ideas, dibujen mapas mentales o creen visualizaciones de flujos de trabajo/procesos. Idealmente debe ser una herramienta a la que todos tengan acceso y que no ocupe mucho ancho de banda, por lo que se debe poder utilizar al mismo tiempo que una llamada de audio o videoconferencia.

Recomendaciones: Lucidchart o Bluescape.

Celebrar victorias

Siempre fue fácil reunir una multitud y reconocer a alguien por sobresalir con un logro en la oficina. En un mundo de trabajo remoto esto puede parecer un poco más difícil. Pero hay plataformas que te permiten celebrar logros individuales y facilitan que todos los miembros de tu equipo se reconozcan entre sí por un trabajo excepcional. Algunas incluso se conectan con tiendas en línea o envían tarjetas de regalo cuando un miembro del grupo alcanza cierto nivel de reconocimiento. Si tu compañía no tiene una licencia empresarial para una de estas herramientas, tal vez valga la pena inscribirse por tu equipo.

Recomendación: Workhuman o Kudos.

Seguimiento de la productividad

Dependiendo de la herramienta de gestión de proyecto que estés usando, tal vez necesites una diferente para llevar el registro de la productividad. Lo ideal sería que este software también recopile los sentimientos que los empleados tienen sobre lo que están trabajando y al hacerlo tomar el *pulso* de tu equipo. Ésta *no* debe ser una herramienta que monitoree digitalmente a los empleados o que los microdirija de alguna forma. Debe ser algo que los impulse a reflexionar sobre las tareas del día o de la semana, que declare sus logros y que señale dónde necesitan ayuda.

Recomendaciones: 15Five o iDoneThis.

Bloquear distracciones

Hablamos sobre la necesidad de proteger el tiempo de tu gente de las distracciones, pero no todas las distracciones son resultado de comunicación muy apasionada. A veces sólo es difícil no perderse en el pozo de clics de internet. Por fortuna hay varios softwares y extensiones de navegadores que te permiten crear un *firewall* autoimpuesto contra tus distracciones más tentadoras. Puedes bloquear páginas específicas, juegos, incluso toda la conexión a internet por un tiempo determinado para poder concentrarte en el trabajo importante. Incluso si esto no es un problema para ti, es buena idea probar algunas de estas tecnologías para recomendarlas a tu equipo. Cuando las distracciones son resultado de familiares o *roommates* que necesitan recordatorios para respetar el límite entre trabajo y hogar, envía a tu gente una señal de NO MOLESTAR. Esto ayudará mucho para poner límites.

Recomendación: Freedom o SelfControl.

Firmar documentos

Enviar un documento en PDF no editable y pedir a otros que lo firmen, escaneen y reenvíen por correo electrónico (o peor, por fax) es una molestia evitable gracias a varios servicios que te permiten gestionar la firma de documentos de manera electrónica y segura. Algunos incluso tienen una versión gratuita si tu organización no tiene una cuenta empresarial.

Recomendación: DocuSign o HelloSign.

Apéndice B
Preguntas adicionales de líderes remotos

Al hacer la investigación para este libro me reuní con líderes de todos los niveles en empresas remotas y distribuidas de todos los tamaños. Y dado que este libro lo escribí durante el experimento forzado de trabajar desde casa (respuesta al covid-19), también hablé con muchos líderes remotos primerizos. No pude abordar todas sus preguntas en la estructura principal, así que me di el tiempo para responder algunas de las más comunes que recibí (y que no he tocado hasta ahora):

¿Cómo celebro las victorias sin estar en persona?

Claro, no puedes juntar a todos en la sala de descanso con un pastel que compraste en una tienda. Pero, de todos modos, ¿eso en realidad era efectivo? Cuando se trata de celebrar logros con tu equipo remoto hay tres tipos de celebraciones en las que te deberías enfocar: logros, metas y reconocimiento a colegas.

La celebración de logros es la más obvia. Cuando tu equipo alcanza un gran objetivo o hace un avance importante en uno pequeño, es momento de celebrar. Dependiendo del tamaño del triunfo, esto puede ser algo tan pequeño como un correo o algo tan grande como dedicar tiempo durante la siguiente reunión para brindar por la victoria. Tal vez las mayores celebraciones deberían reservarse para un retiro en persona o una reunión *in situ*. Si vas a celebrar de manera remota, probablemente funcione mejor dejarlo como una sorpresa. Pedir a todos que se conecten a una videollamada sólo para comer su rebanada de pastel es bastante raro. Las mejores celebraciones de equipos remotos aprovechan la sorpresa, lo que incluye enviar recompensas físicas, comida, premios u otro botín en una caja marcada con NO ABRIR HASTA_____. Después, durante la celebración sorpresa en la siguiente videollamada, los líderes les piden a todos que abran sus cajas juntos.

LAS CELEBRACIONES DE METAS son con frecuencia logros personales (aunque metas de equipo o de la compañía como años en el negocio o años trabajando juntos como equipo también cuentan). Los líderes eficaces saben (o tienen sistemas para recordar) cuáles son estas metas personales, pero también conocen las preferencias de cada miembro de su equipo para celebrar. No todos quieren recibir una ronda virtual de aplausos en la siguiente videollamada. Algunos pueden preferir un simple anuncio por correo electrónico (y una ronda de respuestas con felicitaciones). Aun así, hay quienes no disfrutan de los festejos y prefieren una nota escrita a mano por ti.

LAS CELEBRACIONES A COLEGAS son un poco más difíciles de realizar, pero se puede decir que son la forma más vital de celebrar las victorias en un equipo virtual. En un equipo presencial sólo chocarlas o unas palabras rápidas de aliento suceden de manera orgánica (o por lo menos lo hacen en una cultura empresarial adecuada). Pero en un equipo virtual los miembros con frecuencia necesitan un sistema para el mismo propósito. Por fortuna no faltan los programas y *plugins* que puedes usar en toda la empresa o sólo en tu equipo (ve el apéndice A). En cualquier *app* que escojas, la decisión más importante es usarla de manera abundante como líder, para que otros lo noten y sigan tu ejemplo.

Estos tres tipos de victorias y maneras de celebrar son parte importante de dar a tu equipo el reconocimiento que merece y necesita. Sin embargo vale la pena mencionar que el reconocimiento por sí solo es insuficiente. La gente también necesita recibir aprecio. Y hay una diferencia. El reconocimiento es la retroalimentación positiva que das basado en resultados o desempeño. Es tomarse el tiempo de celebrar una victoria. Pero es menos poderoso cuando le falta el aprecio. El aprecio se trata de reconocer el valor o lo significativo de esos resultados *y* de la persona. Es tomarse tiempo extra para expresar gratitud a la persona que está siendo reconocida por cómo te impactó. Es celebrar lo que hacemos, lo que somos. Vale la pena celebrar ambos.

¿Qué hay de la seguridad de la información?

Seamos sinceros sobre la seguridad de la información en la mayoría de las empresas. Si la organización es lo suficientemente grande para tener un departamento de tecnología de la información (TI), entonces puedes estar seguro de que toman la seguridad *muy* en serio. Pero con frecuencia no toman muy en serio *implementar* seguridad. TI se asegurará de que los empleados corran programas sólo desde servidores protegidos de la empresa. Y después entregarán laptops a ejecutivos de alto rango con un poco más de protección que una contraseña alfanumérica. Eso es como invertir en un sistema de seguridad para el hogar de última generación, pero dejar la puerta principal abierta.

Debes tomarte la seguridad muy en serio, pero es probable que los equipos remotos representen un riesgo menor del que piensas. La mayoría de los grandes sitios web, incluyendo herramientas de colaboración de equipos, corren en servidores seguros (lo que se indica con la "s" en "https"). Por eso estás tan cómodo dando a Amazon todos los detalles de tu tarjeta de crédito y cómo llegar con exactitud a tu casa. Pero si quieres asegurarte de que tu equipo esté protegido, he aquí un resumen de qué revisar:

- PIDE A CADA MIEMBRO DEL EQUIPO QUE PROTEJA SU COMPUTADORA CON UNA CONTRASEÑA. Muchas computadoras personales permiten a los usuarios iniciar sesión si sólo hay un usuario. Eso es muy conveniente hasta que la laptop termina en la Terminal B de LaGuardia pero tu empleado está a 10 kilómetros en Omaha.
- ASEGÚRATE DE QUE CADA MIEMBRO DEL EQUIPO USE DISCOS DUROS ENCRIPTADOS. Ahora mismo, en Microsoft Windows, esta herramienta se llama BitLocker y en Apple se llama FileVault. Ambas herramientas transforman una computadora perdida, un pánico en toda la empresa, cambio de contraseñas y rastreo de fugas en un simple inconveniente y un pequeño gasto. (En la mayoría de los casos, si necesitas esta herramienta, el sistema operativo también desactiva el inicio de sesión automático.)
- HAZ QUE TU EQUIPO CREE CONTRASEÑAS LARGAS Y AUTOGENERADAS PARA CADA SITIO Y APLICACIÓN QUE USES. Muchos sistemas operativos ahora llevan registro de esto por ti, crear una serie de letras aleatorias y nuevas cada vez que generes una cuenta que sea más segura que tu viejo "Password1234". Si no, hay varias aplicaciones de terceros que pueden generar y gestionarlas por ti. Y aunque estamos hablando de contraseñas, haz que los miembros de tu equipo activen la autenticación de dos factores para el gestor de contraseñas y para su correo laboral. Bajo este sistema, cuando tratas de iniciar sesión, el servicio envía un código a un dispositivo diferente para asegurarse de que en realidad eres tú. Si falla el gestor de seguridad de contraseñas o correo electrónico, todo lo demás queda expuesto.
- PERMITE QUE LOS SMARTPHONES Y TABLETAS SE PUEDAN BORRAR DE FORMA REMOTA. Pedir contraseña, huella digital o una *selfie* para desbloquear el teléfono es muy común ahora, pero un sorprendente número de personas no activa la aplicación *find my* en su teléfono, que no sólo te permite saber si tu teléfono

todavía está en el bar o en el *lobby* del hotel, también te permite borrar todo desde donde estés.

La seguridad de la información para equipos remotos no es complicada, pero sí requiere un poco de trabajo en el *front-end*. Pero dar estos pasos te ahorrará mucho tiempo en el peor de los escenarios.

¿Cómo apoyar la salud mental de mi equipo remoto?

Como lo hablamos, trabajar de manera remota no sólo significa beneficios y pocos gastos. Uno de los mayores costos es que, para mucha gente, trabajar en soledad puede tener efectos dramáticos en su salud emocional. Y poner atención a la salud emocional individual y del equipo como un todo te ayuda a detectar el agotamiento, el desempeño rezagado o algo peor, antes de que se convierta en un problema mayor. También es crucial para construir una cultura de equipo de apoyo y seguridad psicológica. Pero es mucho más difícil hacerlo de manera remota. Hasta que no los tenemos, no nos damos cuenta de cuánto significa para nosotros tener amigos en otro cubículo con quien sentir empatía. En la medida de lo posible, fomenta esas conversaciones de manera remota. Pero ten presente que eso no necesariamente curará todo.

Antes que nada, pon atención a las señales. Busca cambios en los patrones establecidos de alguien. ¿Están mandando menos correos que antes? ¿Están más callados en videollamadas de equipo? ¿Están fallando con fechas límite con las que no tenían problemas? Estas señales serán diferentes para todos. De hecho, para algunas personas cumplir con fechas límites con más rapidez de lo normal puede ser una señal de que están *muy* empeñadas en el trabajo y se dirigen al agotamiento (o peor, están usando el trabajo como una forma de escape para algún otro problema en su vida). A medida que tu equipo desarrolla expectativas y un ritmo compartido en torno al trabajo grupal, es probable que los cambios repentinos de ese ritmo sean la primera señal de que algo anda mal.

Cuando veas esas señales no dudes en actuar. Búscalo tan rápido como puedas. No tienes que comenzar con un "¿Está todo bien?" Puedes empezar con un cumplido, reconociendo una pequeña victoria u otro mensaje positivo y aprovechar eso para adentrarte en la conversación. Quizá no logres que se abra, pero puedes conseguir que sepa que estás ahí para él o ella si desea hablar con alguien. Y a veces es lo único que puedes hacer. En otras ocasiones, dependiendo de la relación, puedes ser más honesto sobre lo que estás viendo y cómo estás dispuesto a ayudar. Hace algunos años un amigo mío publicó en redes sociales que había batallado con la depresión. En cuestión de horas uno de sus colegas lo contactó y le dijo: "Oye, estaré en tu ciudad mañana por unas reuniones, pero estoy libre para desayunar, almorzar o cenar. Vamos a vernos y hablamos". No fue hasta que se reunieron para almorzar que le reveló a mi amigo que había comprado el vuelo después de leer su publicación, sólo para poder decirle que estaría "en la ciudad". Pero el almuerzo juntos era la única razón real por la que había volado.

En un contexto laboral siempre habrá límites de lo abierta u honesta que será tu gente sobre su vida emocional o su salud mental. Pero no hay límite de lo disponible que puedes estar para ella.

¿Cómo debo manejar los conflictos en mi equipo?

El conflicto es inevitable en cualquier equipo, al menos mientras esté formado por humanos. Igual de inevitable es la tendencia de muchas personas a evitar intervenir cuando hay un conflicto y sólo permitir de manera pasiva que se acumule la tensión. En equipos remotos esta tendencia puede ser más pronunciada. Si sólo se ven dos veces al año y se comunican de manera virtual y sincrónica sólo una vez a la semana o así, es fácil dejar pasar una ofensa o un desacuerdo algunas veces. Pero sin darte cuenta estás dejando que las heridas se infecten. Mientras más gente reprima sus frustraciones, mayor será la explosión (también inevitable) cuando ocurra.

Así que no dudes. Sin importar si sabías o no que era parte del trabajo, habrá veces que tendrás que ser consejero de relaciones para personas de tu equipo y será más común que suceda durante conflictos. Cuando veas un conflicto surgir entre dos compañeros, júntalos para discutir sobre eso tan pronto como sea posible. No intentes intervenir si el conflicto surge durante una reunión de equipo (está bien disculpar a un miembro o a ambos de la reunión si es necesario). Sólo asegúrate de reunirlos de nuevo en privado para discutir el tema tan pronto como puedas.

Durante la llamada debes guiar a ambas personas a través de un proceso de tres etapas. Primero dales tiempo para describir el comportamiento que observaron que los afectó de manera negativa. Esta etapa no es el momento de asumir motivos detrás de esos comportamientos. Sólo el comportamiento en sí.

Después déjalos describir cómo los hizo sentir ese comportamiento. De nuevo, no se trata de asumir o atribuir motivos a la otra persona sino de permitir que escuche cómo se recibieron sus acciones. Incluso puedes darles una plantilla para esta etapa: "Cuando hiciste____, sentí_____". Dependiendo de la situación, aquí le das a cada persona espacio para decir los motivos detrás de sus acciones.

A veces sólo estas dos etapas serán suficientes. Dejar que cada persona escuche los sentimientos reales de la otra y arreglar la desconexión entre intenciones y percepciones con frecuencia es suficiente para resolver el conflicto. Si no, entonces la tercera y última etapa debería enfocarse en desarrollar de manera colaborativa una solución sobre cómo comportarse la siguiente vez que se presente una situación similar.

Cuando terminen toma algunos segundos para documentar la conversación. No necesitas ser muy formal (en especial si el conflicto no lo amerita). Un simple correo con un "Gracias a los dos por tomarse el tiempo para platicar hoy" sería suficiente. Sólo quieres tener un registro de que sucedió la discusión y cuáles fueron los comportamientos que se acordaron. Con suerte, nunca tendrás que ver de nuevo ese correo. Pero siempre es bueno saber que está ahí.

¿Cómo debemos manejar los sueldos cuando todos viven en diversas partes del mundo?

Cuando revisas la investigación y las mejores prácticas entre compañías que han sido remotas por mucho tiempo, notas que los salarios se nivelan y estandarizan en gran medida sin considerar el costo de la vida. Ajustar los salarios basados en las rentas locales (o en las habilidades de negociación de un candidato) es una tendencia que quizá pronto se pierda en una era de equipos más remotos y distribuidos. Las compañías cambiarán con rapidez a pagar salarios basados en el valor del trabajo, no en la tarifa actual de donde se encuentra la oficina central de la empresa o el trabajador. Y eso es bueno. (No me malentiendas: fui un afortunado beneficiario de esta tendencia en los primeros cinco años de mi carrera, trabajando de manera remota para una compañía que pagaba tarifas de los suburbios de Nueva York sin importar la región. Era genial para mí... pero no para empleados en grandes ciudades.)

Los ajustes crean más problemas de los que resuelven. Cuando la oferta de talento es global, ajustar salarios podría afectar a quienes decidieron vivir en grandes ciudades, ¿por qué pagar más por un empleado igual de calificado sólo porque vive en Vancouver? Y si pagas salarios diferentes a empleados con habilidades y tareas similares, puedes estar seguro de que uno de ellos se enterará con el tiempo. Es mejor estandarizar sueldos en función de los niveles del organigrama o con una fórmula transparente que tenga en cuenta el puesto, la experiencia y las habilidades.

Por ejemplo, en Basecamp todos los salarios se basan en el 19% de las tarifas del mercado en San Francisco, aunque algunos empleados viven cerca del Área de la Bahía. La compañía quiere ser conocida por pagar bien por buenos empleados, pero también por dejarlos escoger dónde vivir y por lo tanto cuál será su renta. No hay negociaciones salariales. "Ya es duro ser bueno en tu trabajo, y después tener que ser buen negociador no parece justo", explicó el fundador de Basecamp, Jason Fried. Muchas compañías seguirán el ejemplo de Basecamp y verán que la estandarización y la transparencia reducen conflictos de salarios y descontentos entre su gente, mientras que les da *más* autonomía sobre su trabajo.

¿Qué pasa si tengo que despedir a alguien?

En el capítulo 10 abordamos cómo llevar humanidad a lo que, para muchos, con frecuencia, es sólo un proceso legal. Cuando se trata de despedir o suspender a alguien aplican las mismas reglas. Pero ahora no podrás minimizar la influencia de lo que recursos humanos o el jurídico te pida que digas, así que tendrás que trabajar más duro para enfatizar la humanidad.

Hazlo en persona o con video. Si bien en el capítulo 5 planteamos el caso de que la comunicación sólo de audio es mejor para leer las emociones, en este caso querrás ser capaz de leer el lenguaje corporal. Querrás saber si el silencio del otro lado es sorpresa, llanto o algo peor. Y querrás que ellos vean la mirada de preocupación en tu rostro también.

Lleva a una tercera persona. Otra razón para el video es que vean que llevaste a una tercera persona y *quieres* hacer eso. Ésta será una conversación guiada por emociones y es muy útil tener a alguien de recursos humanos (o por lo menos a otro gerente presente) que ayude a mantener la conversación enfocada y que conteste cualquier pregunta que tú no puedas. Además, siempre es bueno tener a alguien que pueda verificar que la conversación fue profesional.

PONLO TODO. Deberás tener todos los detalles resueltos con anticipación y delante de ti. Eso incluye confirmación de que hoy es su último día, por cuánto tiempo tendrán acceso a la red de la compañía, qué paquete de indemnización está disponible y qué se necesita de ellos. Si es posible, envíales esta lista mientras les das la noticia. La reacción inmediata de muchas personas es defenderse, y a veces tratar de convencerte de cambiar de idea. Hacer y enviar el papeleo comunica que la decisión está tomada. Se acabó.

SI APLICA, OFRECE AYUDA. Si el despido no es culpa del empleado podrías explicarle lo que estarías dispuesto a hacer para ayudarle, ya sea una recomendación de LinkedIn u ofrecerle una referencia. Decir lo que estás dispuesto a hacer elimina cualquier incomodidad que pudiera tener de regresar a pedirte una recomendación después de tres meses de desempleo. Ofrece esa ayuda de manera libre. Éste también es el momento de mencionar los servicios de colocación que ofrece la empresa.

ESTAR DISPONIBLE DESPUÉS. Deja tiempo al final para preguntas. Porque habrá preguntas. Y cosas que detallar. Y siguientes pasos a considerar. Y tal vez algunas lágrimas. Planéalo. No programes otra reunión justo después. De hecho, no programes ninguna reunión en las siguientes horas, sólo por si acaso. Si todo sale bien, sólo tendrás tiempo libre en tu calendario. Y si no, te alegrará tener ese tiempo.

DILE AL EQUIPO. En el capítulo sobre decir adiós abordamos cómo hacer el anuncio junto a la persona que se va. En este caso es mejor si informas al equipo solo. Pero no entres a esa conversación sin un plan. Sin importar lo que digas, otros comenzarán a imaginar que eso es lo que dirías si *ellos* se fueran. Por lo tanto, querrás asegurarte de no quedarte sin palabras que sean respetuosas, agradecidas y amables.

Por último, **PERDÓNATE**. Va a ser incómodo. Te vas a sentir mal. Nunca será fácil. Y tal vez eso sea bueno. Si la única forma de hacerse bueno en algo es la práctica, entonces despedir es algo en lo que todos desearíamos no ser buenos. Así que perdónate por no hacerlo de manera perfecta.

¿Debería ser amigo en Facebook de mis empleados remotos?

La respuesta más fácil para esta pregunta es: depende. Pero no es una respuesta muy útil. Trataremos de llegar a una simple y útil pronto, pero hay mucho que analizar.

Primero, depende de la cultura de la compañía y cuánto tolera conversaciones relacionadas con el trabajo en canales no laborales. Porque colegas del trabajo que se conectan en redes sociales van a hablar del trabajo. En industrias muy reguladas, donde cada conversación debe ser guardada para un posible uso después, esto es un problema. En industrias menos reguladas (y compañías más transparentes) esto es menos que un problema. También debes tener claro qué leyes laborales existen que te pueden afectar a ti y a tu gente en relación con las conversaciones. Al principio de mi carrera recuerdo haber recibido un correo de reprimenda de un supervisor por una conversación que tuve en redes sociales con colegas sobre un tema del trabajo. Yo fui quien le recordó a este supervisor que las conversaciones relacionadas con el trabajo entre empleados estaban protegidas de reprimendas por la National Labor Relations Board. Sí, quizá no debí publicar nada, pero conocer la ley me ayudó mucho.

Después, todos tienen distintas reglas para diferentes redes sociales. LinkedIn es vista por casi todos en todas las industrias como la red social *profesional*, por lo que abundan las solicitudes de conexión. Facebook es tanto abierto como privado... Twitter, Instagram, TikTok y cualquier red social inventada y popularizada después de que se imprima este libro son todavía menos claras. A luz de todo eso, la mejor estrategia es establecer tus propias reglas sobre con quién conectarte en qué red social y hacer esas reglas claras si te preguntan. Después respeta a los demás si sus reglas difieren. (Si ayuda, mis reglas personales son que los perfiles de Facebook son para familia y amigos cercanos, y cualquier otra red es un canal público con cero expectativas o privacidad.)

Por último, y esto es una extensión de la consideración anterior, tal vez el líder del equipo no debería ser el que contacte a los miembros del equipo para conectarse en ninguna red. Nadie quiere sentir que su jefe lo acosa en línea. Y aunque tal vez ésa no sea tu intención, para alguien con diferentes *reglas* para redes sociales es fácil asumir, erróneamente, que sí lo es. De la misma manera, si aceptas una solicitud de un compañero de equipo en una red social, entonces es probable que debas aceptar cualquier solicitud de un compañero en esa red social. Ser selectivo puede verse con facilidad como tener favoritismo. (Siempre puedes aceptar y después dejar de seguir sus actualizaciones.)

Juntando todo esto, la respuesta más simple y útil podría ser:

- Desarrolla reglas para cada red social.
- Aplícalas uniformemente.
- Espera solicitudes.

Después de eso, sé consciente de lo que publicas y comentas. Si está relacionado con el trabajo, es probable que sea mejor cambiar a un canal de trabajo.

Agradecimientos

Este libro es producto de un equipo remoto. Y aunque mi nombre está en la portada, confesaré, sólo sentí que estaba *liderando* el proyecto algunas veces. Estoy muy agradecido con una multitud de líderes remotos.

Olivia Bartz, mi editora, quien tuvo la idea en primer lugar y que, para mi fortuna, me llamó. Rick Wolff, mi editor de mucho tiempo en Houghton Mifflin Harcourt, quien vio las similitudes entre la idea de Olivia y mi trabajo pasado. Gracias también a otros miembros del equipo de HMH, incluidos Deb Brody, Ellen Archer, Marissa Page, Lisa Glover y Will Palmer.

Giles Anderson, mi agente, con quien he trabajado de manera remota por casi una década. Gracias por tu correo de último momento en 2012.

Muchas mentes excelentes que me ayudaron y siguen ayudándome con ideas increíbles y a difundir el mensaje de *Dirige desde cualquier lugar*: Mitch Joel, Clay Hebert, Joey Coleman, Berit Coleman, Jayson Gaignard, Dorie Clark, Tim Sanders, Tucker Max y Stuart Crainer.

Los asombrosos líderes remotos con maravillosas historias que se pusieron a mi disposición para entrevistarlos: Trivinia Barber, Curtis Christopherson, Steven Weaver, Mike Desjardins, Aaron Bolzle, Chris Taylor, Hailley Griffiths, Stephanie Lee, Aaron Street y Laura Gassner Otting.

Los investigadores y pensadores que han estudiado el trabajo remoto, equipos virtuales y buenos lugares de trabajo desde que

Jack Nilles acuñó el término *teletrabajo*: Charles Handy, Peter Drucker, Roger Martin, Gary Hamel, Liz Wiseman, Robert Sutton, Herminia Ibarra, Daniel Pink, Amy Edmondson, Adam Grant, Martine Haas, Liz Fosslien, Mollie West Duffy, Mark Mortensen, Barbara Larson, Tsedal Neeley, Nicholas Bloom, Jason Fried, David Heinemeier Hansson, Matt Mullenweg, Bryan Miles y Nick Morgan.

Mi esposa Janna y dos chicos, Lincoln y Harrison, por respetar el letrero de NO MOLESTAR en la puerta de mi oficina… y por ponerlo en la manija de la puerta la mitad de las veces, lo que me permitió terminar este libro.

Acerca del autor

David Burkus es uno de los líderes empresariales más importantes del mundo. Sus ideas innovadoras y sus libros más vendidos están ayudando a directivos y equipos a hacer su mejor trabajo.

Burkus es autor de cinco *bestsellers* sobre negocios y liderazgo. Sus libros han ganado múltiples premios y han sido traducidos a docenas de idiomas. Sus conocimientos sobre liderazgo y trabajo en equipo se han publicado en *The Wall Street Journal*, *Harvard Business Review*, *USA Today*, *Fast Company*, el *Financial Times* y *Bloomberg Businessweek* y en CNN, la BBC, NPR y CBS This Morning.

Desde 2017 Burkus ha sido clasificado como uno de los líderes de pensamiento empresarial más importantes del mundo por Thinkers50. Es un orador internacional muy solicitado y su TED Talk ha sido vista más de dos millones de veces. Ha trabajado con líderes de todas las industrias, incluyendo Google, Stryker, Fidelity, Viacom, incluso la Academia Naval de Estados Unidos.

Exprofesor de escuelas de negocios, Burkus tiene una maestría en Psicología organizacional por la Universidad de Oklahoma y un doctorado en Liderazgo Estratégico de la Regent University.

Vive fuera de Tulsa con su esposa y sus dos hijos.

Notas

Introducción
El ascenso y la caída (y el ascenso) de los equipos remotos

1 Hayden Brown (@hydnbrwn), Twitter, 22 de mayo de 2020, 9:33 a.m., https://twitter.com/hydnbrwn/status/1263840533144727552.
2 Jack M. Nilles, *The Telecommunications-Transportation Tradeoff: Options for Tomorrow* (Newark, NJ: John Wiley & Sons, 1976).
3 Charles Handy, *The Age of Unreason* (Boston: Harvard Business School Press, 1989), 18; Peter Drucker, ed., *The Ecological Vision: Reflections on the American Condition* (New Brunswick, NJ: Transaction, 2011), 340.
4 Kara Swisher, "'Physically Together': Here's the Internal Yahoo No-Work-from-Home Memo for Remote Workers and Maybe More", *AllThingsD*, 22 de febrero de 2013, http://allthingsd.com/20130222/physically-together-heres-the-internal-yahoo-no-work-from-home-memo-which-extends-beyond-remote-workers/.
5 Cal Newport, "Why Remote Work Is So Hard — and How It Can Be Fixed", *New Yorker*, 26 de mayo de 2020, https://www.newyorker.com/culture/annals-of-inquiry/can-remote-work-be-fixed.
6 "IBM Study: COVID-19 Is Significantly Altering U.S. Consumer Behavior and Plans Post-Crisis", IBM News Room, IBM, 1º de mayo de 2020, https://newsroom.ibm.com/2020-05-01-IBM-Study-COVID-19-Is-Significantly-Altering-U-S-Consumer-Behavior-and-Plans-Post-Crisis.
7 Kate Conger, "Facebook Starts Planning for Permanent Remote Workers", *New York Times*, 21 de mayo de 2020, https://www.ny-

times.com/2020/05/21/technology/facebook-remote-work-coronavirus.html.

8 Chris O'Brien, "Facebook's West Campus Construction Costs Exceed $1 Billion", *VentureBeat*, 16 de mayo de 2018, https://venturebeat.com/2018/05/16/facebooks-west-campus-construction-costs-exceed-1-billion/.

9 Pim de Morree, "The Remote Revolution: Are We Reaching the Tipping Point?", *Corporate Rebels*, 18 de junio de 2020, https://corporate-rebels.com/the-remote-revolution/.

10 Todas las citas de Nicholas Bloom son de "To Raise Productivity, Let More Employees Work from Home", *Harvard Business Review*, enero-febrero de 2014, 28--9.

11 Adam Hickman y Jennifer Robison, "Is Working Remotely Effective? Gallup Research Says Yes", Workplace, Gallup, 21 de mayo de 2020, https://www.gallup.com/workplace/283985/working-remotely-effective-gallup-research-says-yes.aspx.

1. Volverse remoto

1 Todas las citas de Curtis Christopherson son de nuestra comunicación personal del 26 de junio de 2020.

2 Martine Haas y Mark Mortensen, "The Secrets of Great Teamwork", *Harvard Business Review*, junio de 2016, 70-76.

3 Lutfy N. Diab, "Achieving Intergroup Cooperation Through Conflict-Produced Superordinate Goals", *Psychological Reports* 43, núm. 3 (diciembre de 1978): 735-741.

4 Samuel L. Gaertner *et al.*, "Reducing Intergroup Conflict: From Superordinate Goals to Decategorization, Recategorization, and Mutual Differentiation", *Group Dynamics: Theory, Research, and Practice* 4, núm. 1 (2000): 98-114.

5 Jim Harter, "Employee Engagement on the Rise in the U.S.", News, Gallup, 25 de agosto de 2018, https://news.gallup.com/poll/241649/employee-engagement-rise.aspx.

2. Construir la cultura de forma remota

1 Joost Minnaar y Pim de Morree, *Corporate Rebels: Make Work More Fun* (Eindhoven, Países Bajos: Corporate Rebels, 2020).

2 Frank Van Massenhove, "Shift or Shrink", Liberté Living-Lab, publicado el 11 de enero de 2017, video de YouTube, 18:44, https://youtu.be/LG4JZDzLmno.
3 Minnaar y de Morree, *Corporate Rebels*.
4 Charles Duhigg, *Smarter Faster Better: The Secrets of Being Productive in Life and Business* (Nueva York: Random House, 2016), 44.
5 Julia Rozovsky, "The Five Keys to a Successful Google Team", *re:Work*, 17 de noviembre de 2015, https://rework.withgoogle.com/blog/five-keys-to-a-successful-google-team/.
6 Amy Edmondson, "Psychological Safety and Learning Behavior in Work Teams", *Administrative Science Quarterly* 44, núm. 2 (1999): 350-383.
7 *Ibid.*, 350-383.
8 Paul J. Zak, "Trust", *Journal of Financial Transformation* 7 (2003): 17-24.
9 *Ibid.*, 23.
10 Christine Porath, "Half of Employees Don't Feel Respected by Their Bosses", *Harvard Business Review*, 19 de noviembre de 2014, https://hbr.org/2014/11/half-of-employees-dont-feel-respected-by-their-bosses.
11 Christine Porath, *Mastering Civility: A Manifesto for the Workplace* (Nueva York: Grand Central, 2016).

3. Contratar compañeros de equipo remotos

1 "Deep Look into the WordPress Market Share", Kinsta, consultado el 12 de junio de 2020, https://kinsta.com/wordpress-market-share/.
2 "All Around the World, Building a New Web, and a New Workplace. Join Us!", About Us, Automattic, consultado el 28 de julio de 2020, https://automattic.com/about/.
3 Entrevisté a Mullenweg para uno de mis libros anteriores, *Bajo una nueva gestión: Cómo las empresas líderes están cambiando la forma de hacer negocios*. A menos de que lo indique, todas las citas y hechos se derivan de esa entrevista. Matt Mullenweg, comunicación personal, 10 de marzo de 2015.
4 Matt Mullenweg, "The CEO of Automattic on Holding 'Auditions' to Build a Strong Team", *Harvard Business Review*, abril de 2014, 42.
5 Christoph Riedl y Anita Williams Woolley, "Teams vs. Crowds: A Field Test of the Relative Contribution of Incentives, Member Abil-

ity, and Emergent Collaboration to Crowd-Based Problem-Solving Performance", *Academy of Management Discoveries* 3, núm. 4 (2017): 382-403.

6 Nicholas Bloom, "To Raise Productivity, Let More Employees Work from Home", *Harvard Business Review*, enero-febrero de 2014, 28-29.

7 Adrian Robert Gostick y Chester Elton, *The Best Team Wins: The New Science of High Performance* (Nueva York: Simon & Schuster, 2018), 106.

4. Construir vínculos a distancia

1 Stephanie Lee, "Remote Team Meetups: Here's What Works for Us", *Buffer Blog*, 7 de enero de 2019, https://buffer.com/resources/remote-team-meetups/.

2 Matt Mullenweg y Carolyn Kopprasch, "How Buffer Meets Up", *Rework Podcast*, 4 de junio de 2019, https://rework.fm/how-buffer-meets-up/.

3 Vivek Murthy, "Work and the Loneliness Epidemic", *Harvard Business Review*, septiembre de 2017, https://hbr.org/cover-story/2017/09/work-and-the-loneliness-epidemic.

4 Tom Rath y Jim Harter, "Your Friends and Your Social Well-Being", News, Gallup, 6 de febrero de 2020, https://news.gallup.com/businessjournal/127043/friends-social-wellbeing.aspx.

5 Julianne Holt-Lunstad, Timothy B. Smith y J. Bradley Layton, "Social Relationships and Mortality Risk: A Meta-Analytic Review", *PLoS Medicine* 7, núm. 7 (2010), https://doi.org/10.1371/journal.pmed.1000316.

6 Beth S. Schinoff, Blake E. Ashforth y Kevin Corley, "Virtually (In) separable: The Centrality of Relational Cadence in the Formation of Virtual Multiplex Relationships", *Academy of Management Journal*, 17 de septiembre de 2019, https://doi.org/10.5465/amj.2018.0466.

7 Beth S. Schinoff, Blake E. Ashford y Kevin Corley, "How Remote Workers Make Work Friends", *Harvard Business Review*, 23 de noviembre de 2019, https://hbr.org/2019/11/how-remote-workers-make-work-friends.

8 Muchas compañías adoptaron esta técnica pero Becca Van Nederynen y Help Scout se llevaron las palmas por etiquetarlo como *fika*. Becca

Van Nederynen, "6 Tips to Keeping Your Remote Team Connected", Help Scout, 8 de noviembre de 2017, https://www.helpscout.com/blog/remote-team-connectivity/.

9 R. I. M. Dunbar, "Breaking Bread: The Functions of Social Eating", *Adaptive Human Behavior and Physiology* 3, núm. 3 (2017): 198-211.

10 Kaitlin Woolley y Ayelet Fishbach, "Shared Plates, Shared Minds: Consuming from a Shared Plate Promotes Cooperation", *Psychological Science* 30, núm. 4 (2019): 541-552.

11 Janina Steinmetz y Ayelet Fishbach, "We Work Harder When We Know Someone's Watching", *Harvard Business Review*, 18 de mayo 2020, https://hbr.org/2020/05/we-work-harder-when-we-know-someones-watching.

5. Comunicarse de forma virtual

1 "About Our Company", Basecamp, consultado el 11 de junio de 2020, https://basecamp.com/about.

2 Katharine Schwab, "More People Are Working Remotely, and It's Transforming Office Design", *Fast Company*, 27 de junio de 2019, https://www.fastcompany.com/90368542/more-people-are-working-remotely-and-its-transforming-office-design.

3 Jason Fried y David Heinemeier Hansson, *Remoto: No se requiere oficina.*

4 "The Basecamp Guide to Internal Communication", Basecamp, consultado el 11 de junio de 2020, https://basecamp.com/guides/how-we-communicate.

5 Gloria Mark, Stephen Voida y Armand Cardello, "A Pace Not Dictated by Electrons", en *Proceedings of the 2012 SIGCHI Annual Conference on Human Factors in Computing Systems*, CHI '12 (Nueva York: ACM, 2012), 555-564, https://doi.org/10.1145/2207676.2207754.

6 El crédito de esta metáfora es para el equipo de Basecamp, yo sólo la parafraseé. Jason Fried y David Heinemeier Hansson, *Remoto: No se requiere oficina.*

7 Kristin Byron, "Carrying Too Heavy a Load? The Communication and Miscommunication of Emotion by Email", *Academy of Management Review 33*, núm. 2 (2008): 309-327, https://doi.org/10.5465/amr.2008.31193163.

8 Michael W. Kraus, "Voice-Only Communication Enhances Empathic Accuracy", *American Psychologist* 72, núm. 7 (2017): 644.
9 Noah Zandan y Hallie Lynch, "Dress for the (Remote) Job You Want", *Harvard Business Review*, 19 de junio de 2020, https://hbr.org/2020/06/dress-for-the-remote-job-you-want.
10 Jessica R. Methot, Emily Rosado-Solomon, Patrick Downes y Allison S. Gabriel, "Office Chit-Chat as a Social Ritual: The Uplifting Yet Distracting Effects of Daily Small Talk at Work", *Academy of Management Journal*, 5 de junio de 2020, https://doi.org/10.5465/amj.2018.1474.

6. Reuniones virtuales

1 Todas las notas y detalles de Stephen Wolfram son de "What Do I Do All Day? Livestreamed Technology CEOing", 11 de diciembre de 2017, https://writings.stephenwolfram.com/2017/12/what-do-i-do-all-day-livestreamed-technology-ceoing/.
2 Jennifer L. Geimer, Desmond J. Leach, Justin A. DeSimone, Steven G. Rogelberg y Peter B. Warr, "Meetings at Work: Perceived Effectiveness and Recommended Improvements", *Journal of Business Research* 68, núm. 9 (2015).
3 *2019 State of Remote Work Report* (Somerville, MA: Owl Labs, septiembre de 2019), https://www.owllabs.com/state-of-remote-work/2019.
4 Steven G. Rogelberg, "How to Create the Perfect Meeting Agenda", *Harvard Business Review*, 26 de febrero de 2020, https://hbr.org/2020/02/how-to-create-the-perfect-meeting-agenda.
5 Henry M. Robert, *Reglas de orden.*
6 Jeremy Bailenson, "Why Zoom Meetings Can Exhaust Us", *Wall Street Journal*, 3 de abril de 2020, https://www.wsj.com/articles/why-zoom-meetings-can-exhaust-us-11585953336.

7. Pensar de forma creativa

1 "Apollo 13", NASA, última actualización 9 de enero de 2018, https://www.nasa.gov/missionpages/apollo/missions/apollo13.html.
2 Jesus Diaz, "This Is the Actual Hack That Saved the Astronauts of the Apollo XIII", Gizmodo, 4 de septiembre de 2018, https://

gizmodo.com/this-is-the-actual-hack-that-saved-the-astronauts-of-th-1598385593.

3 "Apollo 13", NASA.

4 David Burkus, *The Myths of Creativity: The Truth About How Innovative Companies and People Generate Great Ideas* (San Francisco: Jossey-Bass, 2013).

5 Norman R. F. Maier y L. Richard Hoffman, "Quality of First and Second Solutions in Group Problem Solving", *Journal of Applied Psychology 44*, núm. 4 (1960): 278.

6 Steven G. Rogelberg, *The Surprising Science of Meetings: How You Can Lead Your Team to Peak Performance* (Nueva York: Oxford University Press, 2018).

7 Agradezco a mi amigo Tim Sanders por desarrollar lo que él llama un "Dealstorming", el cual uso como guía para estas tres reuniones. *Tim Sanders, Dealstorming: The Secret Weapon That Can Solve Your Toughest Sales Challenges* (Nueva York: Portfolio, 2016).

8 Patricia D. Stokes, *Creativity from Constraints: The Psychology of Breakthrough* (Nueva York: Springer, 2005).

9 Aprendí esta pregunta de Roger Martin. Roger L. Martin, "My Eureka Moment with Strategy", *Harvard Business Review*, 23 de julio de 2014, https://hbr.org/2010/05/the-day-i-discovered-the-most.html.

10 Charlan J. Nemeth, Bernard Personnaz, Marie Personnaz y Jack A. Goncalo, "The Liberating Role of Conflict in Group Creativity: A Study in Two Countries", *European Journal of Social Psychology 34*, núm. 4 (2004): 365-374.

11 Liana Kreamer y Steven G. Rogelberg, "Break Up Your Big Virtual Meetings", *Harvard Business Review*, 29 de abril de 2020, https://hbr.org/2020/04/break–up-your-big-virtual-meetings.

8. Gestionar el desempeño

1 Revelación completa: Me asocié con Actionable.co para crear parte del contenido de entrenamiento ofrecido en mi página. Y sí, el resultado final de cada proyecto se ve muy diferente (y mejor) que nuestra intención original.

2 Todos los hechos y citas de Chris Taylor vienen de Chris Taylor, comunicación personal, 30 de junio de 2020.

3 John R. Carlson *et al.*, "Applying the Job Demands Resources Model to Understand Technology as a Predictor of Turnover Intentions", *Computers in Human Behavior 77* (2017): 317-325.
4 H. Jiang, M. Siponen y A. Tsohou (2019), "A Field Experiment for Understanding the Unintended Impact of Internet Monitoring on Employees: Policy Satisfaction, Organizational Citizenship Behaviour and Work Motivation", en *Proceedings* en la 27va Conferencia Europea sobre Sistemas de Información (ECIS), Estocolmo y Uppsala, Suecia, junio de 2019, Asociación de Sistemas de Información, https://aisel.aisnet.org/ecis2019rp/107.
5 Edward L. Deci y Richard M. Ryan, "Facilitating Optimal Motivation and Psychological Well-Being Across Life's Domains", *Canadian Psychology/Psychologie canadienne* 49, núm. 1 (2008): 14.
6 *Ibid.*, 15-16.
7 Erin Reid, "Embracing, Passing, Revealing, and the Ideal Worker Image: How People Navigate Expected and Experienced Professional Identities", *Organization Science 26*, núm. 4 (2015): 997-1017.
8 Meng Zhu, Rajesh Bagchi y Stefan J. Hock, "The Mere Deadline Effect: Why More Time Might Sabotage Goal Pursuit", *Journal of Consumer Research* 45, núm. 5 (2019): 1068-1084.
9 Teresa M. Amabile y Steven J. Kramer, "The Power of Small Wins", *Harvard Business Review*, mayo de 2011, 70-80.
10 Teresa M. Amabile y Steven J. Kramer, *The Progress Principle: Using Small Wins to Ignite Joy, Engagement, and Creativity at Work* (Boston: Harvard Business Review Press, 2011).
11 Cynthia E. Cryder, George Loewenstein y Howard Seltman, "Goal Gradient in Helping Behavior", *Journal of Experimental Social Psychology* 49, núm. 6 (2013): 1078-1083.
12 Ran Kivetz, Oleg Urminsky y Yuhuang Zheng, "The Goal-Gradient Hypothesis Resurrected: Purchase Acceleration, Illusionary Goal Progress, and Customer Retention", *Journal of Marketing Research* 43, núm. 1 (2006): 39-58.
13 Cita de W. Edwards Deming, n. d., retomada el 14 de julio de 2020, de https://quotes.deming.org/authors/W.EdwardsDeming/quote/10091.
14 Trivinia Barber, comunicación personal, 2 de julio de 2020.

9. Mantenerse comprometido

1 Todos los hechos y citas de Mike Desjardins vienen de Mike Desjardins, comunicación personal, 30 de junio de 2020.
2 Dave Cook, "The Freedom Trap: Digital Nomads and the Use of Disciplining Practices to Manage Work/Leisure Boundaries", *Information Technology and Tourism* (2020): 1-36, https://doi.org/10.1007/s40558-020-00172-4.
3 Clare Kelliher y Deirdre Anderson, "Doing More with Less? Flexible Working Practices and the Intensification of Work", *Human Relations* 63, núm. 1 (2010): 83-106.
4 Cal Newport, "Drastically Reduce Stress with a Work Shutdown Ritual", *Study Hacks*, 8 de junio de 2009, https://www.calnewport.com/blog/2009/06/08/drastically-reduce-stress-with-a-work-shutdown-ritual/.
5 Kristin M. Finkbeiner, Paul N. Russell y William S. Helton, "Rest Improves Performance, Nature Improves Happiness: Assessment of Break Periods on the Abbreviated Vigilance Task", *Consciousness and Cognition* 42 (2016): 277-285.
6 J. Barton y Jules Pretty, "What Is the Best Dose of Nature and Green Exercise for Improving Mental Health? A Multi-Study Analysis", *Environmental Science & Technology* 44, núm. 10 (mayo de 2010): 3947-3955.
7 Elizabeth K. Nisbet y John M. Zelenski, "Underestimating Nearby Nature: Affective Forecasting Errors Obscure the Happy Path to Sustainability", *Psychological Science* 22, núm. 9 (2011): 1101-1106.

10. Decir adiós

1 Todos los hechos y citas de Lara Gassner Otting son de Lara Gassner Otting, comunicación personal, 2 de julio de 2020.
2 Encontré mucha asesoría diferente sobre decir adiós en equipos virtuales. Tres en particular fueron muy útiles: Teresa Douglas, "How to Say Goodbye When a Remote Worker Leaves", *Medium*, 18 de marzo de 2019, https://medium.com/@ tdogknits/how-tosay-goodbye-when-a-remote-worker-leaves-37ef2aee01f7; Nick Francis, "Parting Ways with a Remote Team Member", Help Scout, 8 de agosto de 2017, https://www.helpscout.com/blog/how-to-fire-a-remote-employee/, y

Kiera Abbamonte, "Bidding Farewell to a Remote Team Member", *Kayako Blog*, 13 de diciembre de 2017, cj.

3 Dediqué un capítulo entero a esta idea en mi libro *Bajo una nueva gestión: Cómo las empresas líderes están cambiando la forma de hacer negocios.*

CONCLUSIÓN: ¿A DÓNDE VAMOS A PARTIR DE AHORA? NO DE REGRESO A LA OFICINA

1 Todos los hechos y citas de Aaron Bolzle son de Aaron Bolzle, comunicación personal, 1° de julio de 2020.